U0046521

# 日本越境跳島小旅行！

50位巨匠×70件作品，
看見國際名家的設計風景

走訪瀨戶內、
越後妻有大地藝術祭

Claire ／著

The Best Guide
to Japan's
Modern Art Festivals

Echigo Tsumari
Art Field

Seto
Inland Sea

# 一場緩慢的革命，藝術祭，

由國際知名策展人北川富朗先生所策劃的兩大藝術祭，越後妻有大地藝術祭及瀨戶內國際藝術祭，各以三年展的方式，將現代及傳統的藝術導入新潟縣十日町、津南町，和香川縣的十二個島嶼。這兩地曾經都是以農漁業，孕育了日本大和文化的母體；同時，亦同樣地在面對現代經濟體系的全球化、資本化衝擊之下，迅速地凋零萎縮，具生產力的年輕世代，只好離鄉背井移居都市，尋找工作機會，導致地方高齡少子化，荒田廢校空屋等情形日趨嚴重。而北川先生以他具有的國際視野的宏觀高度，揭竿起藝術文化的大旗，倡議「里山」、「里海」之精神，探討人與自然如何和諧共生共存在物種的多樣性中，企圖進行一場緩慢的革命，來改變文明發展中的困窘現狀，進而振興地域之經濟產業，拾回被遺忘拋棄後，海洋土地的尊嚴與老人家的笑容。而這些年來，的確也讓世人看到他斐然的成果，從二〇〇〇年第一屆大地藝術祭舉行時，只有二十餘聚落的參與，到二〇一五年第六屆時，已有近百聚落加入活動，短短兩個月的展期，湧入了近百萬人次；而瀨戶內國際藝術祭，更是從第一屆的夏季七個島嶼，到第二屆以拓展到十二個島嶼，展期也跨過了春、夏、秋三季，而大批的藝術志工培力計畫，及年輕人已有實質回鄉趨勢來看，藝術祭儼然已成為社造結合藝術的聖經。多年來，因我持續被邀約參與了這兩大藝術祭，而有機會在現場的創作中，透過與居民互動交流，得以更深入了解當地民情風俗；也讓我明白，我們台灣所面臨的種種無論是教育、經濟或是環境等問題，都不亞於日本，甚至更為嚴峻！

今天很高興能閱讀到，Claire 以精湛輕鬆的文筆，深入淺出地詳細介紹這兩大藝術祭，不僅帶領讀者賞析藝術作品，更以其旅遊美食工作者的專業，來描繪深度的旅遊地圖，是再適合不過的了！細看他精心安排的章節內容，來設計對於讀者們如何在幅員廣大的越後妻有地區，及散布在瀨戶內海的大小島嶼群中，能重點且悠遊在藝術地景與風土美食，我想這本書將會是您在旅遊途中的助力與指引。

連續參與日本越後妻有大地藝術祭與瀨戶內國際藝術祭之台灣藝術家、

達達創意公司執行長／林舜龍

# 自己就是家鄉最好的導覽員藝術也能當飯吃，

每塊土地都有歷史的意義，每個原鄉都散發著故事的誘惑。原鄉，是獨一無二的，懂得與大自然好好相處，善加挖掘上天賜予的寶藏，生活裡處處是商機。我因為節目拍攝的關係，很幸運地旅行各地，看見台灣和世界許多角落的有趣原鄉，像是墨西哥中部有一個衰敗的舊礦村 Real de Catorce，對外的唯一通道是一條長長的大山洞，進出要靠馬車或步行，礦脈消失後徒留老弱婦孺，恍若鬼城。村內黃沙遍野只有一座聖方濟教堂，但因為這個教堂太出名了，每年十月聖人誕生日，全墨西哥天主教徒就會扶老攜幼來參拜，僅這兩天把很小的鎮擠得水洩不通，瞬間充滿生氣，當地人察覺自己的家鄉原來也有獨特賣點，於是有些人把自己家變成風格旅館或是藝術小店，後來還吸引好萊塢團隊來此取景拍攝，由布萊德彼特和茱莉亞羅勃茲主演的電影《危險情人》，使這個「鬼城」現今成為一個熱門的觀光景點。

背起行囊來到日本四國，香川縣因為烏龍麵出名，當地人發展出烏龍麵計程車，司機會載外來旅客去吃最道地的讚岐烏龍麵，一輛輛車頂上裝飾的碗裝烏龍麵模型穿梭在小鎮上，非常醒目而且充滿在地樂趣。

四國瀨戶內海這塊寶藏不僅產出好鹽，孕育出蕎麥烏龍麵，散落上面的小島宛如一顆顆珍珠，還保有傳統文化以及自然景觀，但是現今諸島隨著高齡化、人口過稀而漸失活力。於是在二〇一〇年藝術家進駐，善用當地的自然特色，在每個島嶼上進行藝術、劇場等創作，把瀨戶內海當成天然大展場，串起當地居民與來自世界各地藝術家及旅人的交流，發展出三年一度的獨特跳島旅遊。

越後妻有，是包括日本新潟縣南部的十日町市和津南町在內的七百六十平方公里的土地，比東京二十三區還要廣闊，距離東京大約兩小時的車程。這是一處很有歷史遺跡的土地，它還保留著四千年前繩文時期的國寶火焰行土器，四周環山維持農業生態，但在時代變遷下人口日漸稀少，高齡化現象嚴重，成為又一個界限部落。於是日本政府在二〇〇〇年邀請藝術家進駐，融合當地環境，與農村裡的老人家以及來自世界外地的年輕義工，創造出近二〇〇多件充滿當地風土人情，散落在村莊、空屋、廢棄學校上，與大自然及社區共生的藝術作品。

日本很早就為了經營人與大自然、人與社區之間的和諧共生而努力，二〇一〇年環境廳還通過了一個能使生物多樣性和人類福祉雙贏的「里山倡議」，目的就是希望按照自然方式來維持、開發社會經濟活動，包括農業與林業，願景在於實現社會與自然和諧共生的理想。日本知名作家也以此概念寫出很多小說，森澤明夫的《深山裡的奇蹟雞蛋拌飯店——小光的蛋》與黑野伸一《下腳蔬菜村的敗部復活大作戰》，都在描述一群不願自己家鄉凋零的年輕人，利用自然農法種出優質的食材，繼而使用新媒體行銷的精采故事，我覺得認真劃重點都可以成為行銷教課書了。

Claire 用旅行的方式，完成了華人首部完整介紹全球最大戶外藝術節的「越後妻有大地藝術祭」，與日本參訪人數最多的「瀨戶內國際藝術祭」。這是日本當代最具指標性的兩大戶外藝術祭典，今年更是剛好來到三年一辦的瀨戶內國際藝術祭舉辦年，帶著這本田野調查式的指南去走訪，裡面詳細記錄怎麼到訪最方便、怎麼看最能看出門道，深愛日本文化和把日本當後花園趴趴走的 Claire，是我們這兩大藝術祭典的最佳導遊。

與其充滿著漫不經心紅噴漆的拆字，不如用心點石成金，讓五顏六色的創作改變命運，讓在地人有尊嚴的一起認識原鄉之美、一起參與改造，認真看待這片土地的美好，誰說藝術不能當飯吃呢？自己就是家鄉最好的導覽員。

三立「愛玩客」旅遊節目監製兼節目部副總監／黃曉玫

## 都是有原因的 世間種種相遇

我從小跟著父親在基隆港務局出入各類大小船舶，那情境不過像是上班族把小孩先接到公司陪加班一樣的概念，這平凡的生活經驗，直到我開始成為職業旅人，在各類船隻走跳，方知父親在早在不自覺中培養了我那不暈船的人生技能。

高中唸的是廣告設計科，在那個還沒有 Photoshop 的年代，得從素描、色彩學、平塗、製圖……開始學起，這些「第二技能」在畢業後幾乎沒有派上用場，只有在幫忙家裡粉刷房子的時候，自認牆面塗得頗為平整。後來大學沒考上美術相關科系，誤打誤撞進了護理系，又莫名其妙地畢業，接著一頭栽進電視台、廣告公司與旅遊網站。二〇〇六年父親驟逝，二〇一〇年母親腦梗塞中風，工作十幾年後，我正式成為在家看護，這第三技能居然派上用場，而且是在自己家人身上。

一堆看似不相干的狀態，其實全是人生養分。照顧中風母親的同時，也兼職成為旅遊文字工作者。深知專職看護的壓力必須得到紓解，所以每個月出國採訪一次，作為自己的休假，那些看似玩爽爽的旅遊文字，其實堆疊在把屎把尿柴米油鹽與生離死別的現實生活之上。

後來有幾次機會前往瀨戶內國際藝術祭、新潟越後妻有大地藝術祭，以及日本各城市的藝術相關景點，我發現日本嚴重的城鄉資源分配不均、人口老化、安養……等問題，不但是我正在面臨的生活，也是許多台灣人的現況。透過走訪這些藝術祭景點，除了關注藝術家的創作，我更有興趣的是當地政府活化地域與解決偏鄉資源問題的方式。

這幾年一直都想把這些參訪過程記錄下來，但充其量也就是交稿給媒體或寫寫部落格，一直不敢寫書。嚴格說來我並非藝術設計科班出身，更非建築領域達人，有什麼資格詮釋這些指標性的活動？但出版社告訴我：大部分人們要的不是艱深瑣碎的論文，而是平凡人能理解的感動。所以就請允許我不賣弄那些建築或藝術的專有名詞，僅分享走訪後的個人感受吧！

寫這本書的過程中，在不少場合遇見過這兩大藝術祭的策展人北川富朗先生，他來台灣的次數，頻繁到讓人以為他就住在三重或內湖呢。我曾經問他，最初到這些小島或鄉間提案時，是否曾遭到當地居民反對或責難？如何解決

這樣的困境？他回我：「那是一定的，除了持續溝通與對話，讓村民參與會是個好方法。且隨著藝術祭開展、觀光客到來、村內開始活化……一些改變發生了，居民陸續有機會與外界對話，大家就會慢慢發現這對地方應該是件好事。」

不少藝術家們在創作前，會提前到當地住一段時間，他們並非透過座談會等正式場合邀請居民發表意見，而是透過村內祭典或大夥兒吃吃喝喝的機會加入居民們。也許不是每個居民都會對藝術家有回應，但總會有幾個人有好奇心，在這樣攀談的過程中，大家的想法就開始交流。

所以作品最後呈現的樣子，往往是藝術家與當地居民交流過後的結果，藝術家以專業將居民「共同的文化與生活經驗」，透過創意來呈現；而我們則是透過藝術家的創作，進一步了解當地共同的文化與經驗。這旅人、作品、藝術家、居民四個端點，一來一往的過程中，藝術的公共性便開始發生。

本書撰寫到最後，根據善意交流原則，我將稿件提前請日方相關單位確認，但涉及單位之多，實非撰寫前所能想像，在精神上甚至耗損，卻也深切體會到日本人在工作上的認真程度。唯一感到可惜的是，部分單位仍希望我使用官方所拍攝的作品照片，這就是為什麼本書會有部分照片是由官方提供，而非我本人拍攝的原因。

前面沒提到的是，我的母親後來在二〇一二年底因心肌梗塞辭世，這對我而言是極大的打擊與痛苦，這也是為什麼我會特別與生死議題相關的作品對頻。一件作品對每個人的意義都不同，我透過這些藝術之旅反芻那頻頻斷線的人生，才發現種種看似不相關的轉折，都是有原因的。而所以會有這本書的誕生，最要謝謝友人施又熙，透過她的書寫療癒課程，我終於有能力誠實面對心中苦痛，將旅遊與心中所想化為文字呈現。

最後，這本書獻給我的父親、母親，我知道他們一直陪著我跨境與跳島，讓藝術之旅療癒我的痛苦，我把對他們的感謝與歉意都寫在這本書裡，希望也能感動本書的讀者。

# Part 2   150

## 享受豐碩大地之美，
## 新潟越後妻有藝術旅行

# Part 3　222
## 遍地開花的藝術市鎮

# Part 1

## 無垢的島旅，瀨戶內國際藝術祭

散落在海面上，看似各自獨立的島嶼，
海面下卻是相連的陸地，
那是島嶼子民才懂得的 DNA 連結。

瀨戶內海，一千多個島嶼，
跟台灣相似又相異……
保留了更多島嶼性格與人文藝術景觀，
像鑽石於海面上閃閃發光，
是我們都該踏上一回，深切體驗的島嶼地域。

# 跳島旅行的魅力

數年前，第一次去瀨戶內海，在離島與離島間做跳島旅行，對當時的我而言，觀光、工作與旅行就此畫清界線，回歸於最純粹的旅行。在島上沒有目的的漫遊，相機拍到的就是海、海島、海邊的小村落或海島的貓，全然地放空……那是我第一次體驗到瀨戶內海的魅力。

後來再去，三年一次「瀨戶內國際藝術祭」已開始舉行，小島們知名度大開，也多了些觀光的成份，百萬人次在藝術祭期間湧向小島，人變多了，卻不減其適合放空慢遊的原始本性。

「瀨戶國際內藝術祭」從二〇一〇年開始，每三年一次在瀨戶內海各小島舉行，這些島嶼與日本各偏鄉有著相同的問題：人口老化、外流嚴重，沒落寂寥，幾乎已被邊緣化，且因海洋阻隔，讓這些小島天生就背負著收容所的命運，接收各式各樣在日本本島概念上被認為是「多餘」的人事物：有些小島上的貓比居民多、有些小島曾被當做療養島，收容被日本社會長期遺忘的重症患者、有些小島則被當做垃圾廢棄物掩埋場……美麗的海洋景觀背後，是如此不堪的身世。

日本企業「福武財團」創辦人福武總一郎不忍見這些小島被世人遺忘、逐漸成為各種垃圾處理場，決定以藝術形式活化地域，並找來國際知名公共藝術策展人北川富朗，以海洋、島嶼為背景，找來藝術家在小島上創作。但他們不是要改變這些島嶼，而是希望藝術家和島民共同創作，讓藝術品融入島嶼空間、與居民共同生活，為衰退的小島注入活力，重塑地域價值。

至今已舉行過兩屆的「瀨戶內國際藝術祭」，第一屆舉辦期間就吸引九十三萬人次到這些小島參觀，第二屆則超過百萬人次。對島民來說，觀光客的到訪並非只是帶來經濟上的利益，因為需要在地人說明的事務增加，老人家與小島們的歷史與故事也能傳承下去。雖然觀光客一開始來此多為欣賞藝術品，可是一旦踏上了小島的土地，就能感受到在地生活，將這個島從以前累積至今的傳統文化，分享給全世界的人們，對島民來說是一件很高興的事情，島嶼也因此活絡不少。

不管是想單純體驗海島魅力，或對藝術有興趣，或只是日本其他地方去膩了⋯⋯瀨戶內眾小島，雖然已不再接受來自日本本島的廢棄物，但仍默默接收旅人的心靈煩憂，將負能量分解回收，絕對值得「一生至少體驗一次」。

喜愛日本的你，已經去膩了大城市嗎？不妨來一趟與眾不同的「跳島旅行」吧。

# 給第一次前往
# 瀨戶內國際藝術祭的人

在有限天數內，如何欣賞到最多重點作品？別擔心，這裡提供最有效率的參訪方式，讓你跳島玩透透！

（行程規劃以自行車路線為主，可自由調整停留時間。如需搭乘島內巴士，請務必事先查詢班次時間。）

## 四天三夜（高松－小豆島－直島－豐島）

### ■ Day1 高松

| | |
|---|---|
| 14:15 | 搭乘華航，從桃園出發 |
| 17:50 | 抵達高松機場 |
| 19:00 | 出關，搭乘 JR 抵達高松站 |
| 19:30 | 飯店 Check in |
| 20:00 | 商店街晚餐 |

### ■ Day2 小豆島

| | |
|---|---|
| 07:20 | 早餐後，出發前往高松港 |
| 08:00 | 乘船前往小豆島土庄港 |
| 09:00 | 抵達土庄港，參觀崔正化「太陽的贈禮」。之後準備搭乘公車或站前租自行車 |
| 09:30 | 迷路之城、土淵海峽 |
| 11:00～13:00 | 小豆島橄欖公園＆用餐 |
| 13:30～14:30 | 醬之鄉 |
| 14:45～15:15 | 坂手港藝術祭作品 |
| 15:10～16:15 | 沿原路返回 |
| 16:15～17:00 | 前往天使散步道賞夕陽 |
| 17:15 | 返回土庄港 |
| 17:15～18:00 | 土庄港小豆島特產店購物 |
| 18:40 | 乘船返回高松 |
| 19:40 | 於高松自由晚餐（宿高松） |

### ■ Day3 直島

| | |
|---|---|
| 07:50 | 早餐後，出發前往高松港 |
| 08:00 | 乘船前往直島宮浦港 |
| 09:00 | 抵達宮浦港，租自行車＆前往倍樂生之家 |
| 09:30～12:00 | 參觀倍樂生之家＆黃南瓜、李禹煥美術館、地中美術館 |
| 12:00～13:30 | 午餐可自由選擇在倍樂生之家餐廳（須事先訂位）或至本村古民家餐廳用餐 |
| 13:30～15:30 | 本村家計畫＆安藤忠雄美術館 |
| 15:45～16:50 | 直島錢湯、NaoPAM 畫廊、007 紅色刺青男子紀念館 |
| 17:00～18:00 | 乘船返回高松 |
| 18:00～ | 商店街自由購物＆晚餐 |

### ■ Day4 豐島

| | |
|---|---|
| 08:00 | 早餐後，出發至高松港（建議將行李寄放在高松車站） |
| 09:00 | 乘船前往豐島（請留意本班次不是天天有，出發前務必查詢清楚且建議提早領取整理券） |
| 09:37 | 抵達豐島家浦港 |
| 09:40～10:00 | 租自行車、寄物 |
| 10:30～11:30 | 參觀豐島美術館 |
| 11:50～12:50 | 在島廚房午餐 |

| 13:00 ～ 13:20 | 唐櫃清水 & 空的粒子 | | 17:00 | 搭乘 JR 抵達高松機場 |
| --- | --- | --- | --- | --- |
| 13:50 ～ 14:50 | 參觀豐島橫尾館以及 Café IL Vento 咖啡館 | | 18:50 | 搭乘華航，從高松出發 |
| 15:10 ～ 15:45 | 乘船返回高松（請留意本班次不是天天有，出發前務必查詢） | | 21:05 | 抵達桃園機場 |

## 五天四夜（高松－小豆島－直島－男木島 & 女木島－豐島）

將四天三夜行程中的 Day4 改為男木島 & 女木島一日遊，Day5 則為豐島，行程同前。

### ▌Day4 男木島 & 女木島

| 07:20 | 早餐後，出發至高松港 | | 13:00 | 乘船前往女木島 |
| --- | --- | --- | --- | --- |
| 08:00 | 乘船前往男木島 | | 13:20 | 抵達女木島 |
| 08:40 | 抵達男木島 | | 13:20 ～ 14:15 | 參觀港口區作品 |
| 08:40 ～ 09:10 | 參觀男木島之魂 | | 14:20 | 搭乘鬼島巴士前往鬼島大洞窟 |
| 09:10 ～ 10:30 | 參觀「走路的方舟」& 沿途與貓咪互動 | | 14:30 ～ 14:50 | 到藤井商店吃打鬼糯米糰 |
| 10:30 ～ 11:45 | 山城散策 & 作品參觀 | | 14:50 ～ 15:40 | 訪鬼島大洞窟 |
| 11:45 ～ 12:50 | 前往「Madoka 小圓民宿食事處」享用章魚天婦羅定食 | | 15:40 ～ 17:00 | 在鷲峰展望台眺望美景 |
| | | | 17:00 | 於大洞窟口搭鬼島巴士回港口 |
| | | | 17:20 ～ 17:40 | 乘船返回高松港 |

## 六天五夜路線（高松－小豆島－直島－男木島 & 女木島－豐島）

| ▌Day1 高松 | 同四天三夜的高松行程 |
| --- | --- |
| ▌Day2 高松 | 參觀金刀比羅宮、栗林公園與高松市其他名勝 |
| ▌Day3 小豆島 | 同四天三夜的小豆島行程 |
| ▌Day4 直島 | 同四天三夜的直島行程 |
| ▌Day5 男木島 & 女木島 | 同五天四夜的男木島 & 女木島行程 |
| ▌Day6 豐島 | 同四天三夜的豐島行程 |

＊藝術祭期間，各島巴士有可能增班，可依各島巴士網站公告時間自行調整行程。

# 以高松為基地，向偉大的航道出發吧

就地理位置而言，雖然從岡山或宇野等地也能到瀨戶內海諸島，但若以跳島交通便利度來說，高松市才是真正適合作為瀨戶內海跳島旅行的起點！

高松市位於四國香川縣北部，既是瀨戶內海的大門，更是整個四國的交通要塞。先天優越的地理位置，讓高松早早成為四國的政經中心，亦為四國最大的都會區。

無論來自海外或日本國內，高松都是一個交通非常便利的城市，同時也是周遊四國和瀨戶內海的據點。台灣有華航定期航班直達高松機場，自桃園起飛，兩個半小時就可到達。抵達高松後，便可以高松為基地，從高松港搭乘各式大小船舶直接前往直島、小豆島、豐島、女木島、男木島等島嶼。白天巡遊小島，夜晚造訪高松的居酒屋與商店街，堪稱最佳方案！

## 名勝景點繁多，跳島旅行外的 PLUS 行程！

　　十七世紀江戶時代，高松市作為松平家族的「城下町」而繁盛起來，至今仍保留許多名勝古蹟。提到歷史景點與觀光名勝，以高松為出發地的旅遊路線非常多，且整個四國地區的歷史名勝多如牛毛，例如愛媛縣有三千年歷史的道後溫泉、德島縣的鳴門漩渦、高知的龍馬之旅……等，但除非有較長的假期，否則要與瀨戶內海跳島合併在一趟行程內走完實在有些難度。

　　單以高松附近來說，有幾個非常值得一去的景點。其中大名鼎鼎的「金刀比羅宮」位於香川縣西部，從高松站搭乘 JR 至此約三十分鐘。因供奉被稱為「金毗羅」的海上守護神而聞名，被認為是能治療疾病、消災避禍，還能帶來好運的神明，自古以來便香火鼎盛。在江戶時代，一般民眾認為每個人一生定要參拜一次金刀比羅宮，而行動不便、久病臥床等不能親自參拜的人，就讓要前去參拜的人順道把自家的小狗帶去，替自己進行參拜儀式，這樣的狗被稱作「金比羅犬」。整個參拜道的長石階甚為有名，共有一千三百六十八階，前往參拜請務必做好爬樓梯的心理與身體準備。

　　而位於高松市內的「栗林公園」，四季分明，春花夏蔭秋楓冬雪，號稱一步一景，媲美日本三大名園。不只占地廣大、景色優美，被指定為「國之名勝」，更是所有國之名勝中面積最大的公園。據推測栗林公園應建立於一四○○年左右，後來成為藩主松平家的私人庭園，直到大正奉還後收歸國有，才成為一般民眾也能踏入的公有庭園。

　　此外，高松市的法然寺、屋島等地也是歷史名所，如有時間一一造訪，但若受限於行程，建議至少留半天時間給金刀比羅宮或栗林公園。

## 日本最長商店街，來這裡盡情血拼吧！

對大部分台灣遊客而言，到日本旅遊，不狠買一下東西實在心癢癢，這也是為什麼我強力推薦住在高松市區的原因——這裡有著全日本最長的商店街！如果你查地圖，會發現有中央商店街、丸龜町商店街、南新町商店街……等，這幾個商店街全是相連互通的！一般從高松港下船後，沿中央通轉進商店街，周遭有百元小店、藥妝店、居酒屋、烏龍麵店、咖啡店、服裝鞋包、風格雜貨、食品超市、三越百貨、名牌精品……在這長達二‧七公里的區域，平價高檔各式店舖一應俱全，光餐廳飲食店就超過千家，每天在此穿梭人次至少十三萬人，可見規模之大。這裡的商店街有著歐式摩登風格，不只有著美麗的遮雨棚，更有行人專屬空間，車輛無法進入。結束跳島行程，記得早點回到高松市區，因為商店街的一般商店大約八點左右就打烊了，購物完再吃晚餐也來得及呢。

## 烏龍麵、骨付鳥、握壽司……美食意猶未盡！

既然都來到了古稱「讚岐」的香川縣首府、烏龍麵大城高松，不來碗烏龍麵好像說不過去。位於商店街內的「讚岐麵業 兵庫町店」（さぬき麵業 兵庫町店）是我每次都會造訪的店家！推薦咖哩烏龍麵與炸蝦烏龍麵，份量不大，女性吃來剛剛好。

另一家「鶴丸」烏龍麵也相當知名，由於營業時間直至宵夜場，若半夜肚子餓也可選擇這家。同樣推薦咖哩烏龍麵，湯頭多了沙丁魚風味，口味比讚岐麵業重些，各有支持者。

除了烏龍麵，高松另一人氣美食為「骨付鳥」，也就是帶骨雞腿，在台灣通常是跟著便當作為主食配菜一人一份，但在高松的吃法是多人分享一隻，以高麗菜葉包著烤雞腿肉一起入口，多汁鮮甜，推薦給到高松旅遊的各位。

此外也要介紹一下握壽司，高松在江戶時代曾為松平藩城下町，加上瀨戶內海的新鮮漁獲，讓高松市內的握壽司店家亦有一定水準。推薦「華壽司」（すし華），店內連同吧台座位頂多容納十七人，由職人老爹與太太共同打理，一整份江戶前壽司吃來相當飽足，口味雖不特別驚豔，但相當新鮮。不過職人老爹有點頑固，如果想拍照，必須按照他指定的方向拍攝，因為握壽司有正面反面，若拍錯方向，老爹可是會加以糾正的喔！

### 住宿地點推薦

若要兼顧購物，建議選擇商店街一帶的旅館；如要趕頭尾船班前往各島而不以購物為主要目的的話，可住在高松港周邊。

### 商店街住宿推薦

🏠 大和魯內飯店
（Daiwa Roynet Hotel）
地段絕佳，樓下就是商店街。
地址／高松市丸龜町 8 番地 23

🏠 麗嘉澤斯特飯店
（RIHGA Hotel Zest Takamatsu）
非常替女性住客著想的飯店，頂樓為露天花園吃到飽餐廳，特色是各種酒類亦能喝到飽。
地址／高松市古新町 9-1

🏠 岐麵業 兵庫町店
地址／高松市兵庫町 11-9

🏠 鶴丸手打烏龍麵
地址／高松市古馬場町 9-34

🏠 寄鳥味鳥（骨付鳥）
地址／高松市兵庫町 1-24

🏠 華壽司（すし華）
地址／高松市古馬場町 5-9-1F

（以上所有店家均位於商店街區）

## ♣ 在高松港遇見台灣生命力！搭乘種子船前進瀨戶內海

作品名稱／跨越國境　·　海（国境を越えて·海）
創作者／林舜龍（台灣）

二〇一三年，走在豐島甲生集落的海邊，大老遠傳來一群人用台語交談的聲音，不像觀光客的頻率，像是一群人正在工作的交談聲。走近才發現是來自台灣的藝術家林舜龍與他的工作團隊，當天他們正為著即將展開的二〇一三瀨戶內國際藝術祭的夏期藝術作品在組裝作品「種子船」，當時尚未組裝完成，沒有作品可看，但能夠直接與創作者面對面，沒有語言隔閡地交談，實在讓人興奮。

原本僅在二〇一三年展出的作品「種子船」，自二〇一六年開始成為永久展品，置放在高松港，是所有遊客前進瀨戶內國際藝術祭時，遇見的第一個作品。這件作品以當年台灣八八風災的漂流木為素材，並選擇隨海漂流且容易生長的植物「棋盤腳」為發想，打造一艘名為「種子船」的作品，表達人類遷移的歷史記憶與情感連結。

為什麼是「棋盤腳」？

林舜龍老師表示，對大多數生物而言，海洋通常是一種阻隔，讓基因交換或傳播無法順利進行，不過對具備漂浮特性的海漂植物而言，例如「棋盤腳」，海洋及洋流恰好是一種媒介，也因此除了台灣之外，棋盤腳還廣泛分布於馬來西亞、澳洲及太平洋小島等熱帶地區。棋盤腳的果實漂到哪裡，就在哪裡破裂，果實本身不會再生長，落地後就死了，但它裡面的種子可以落地生根，像人類一樣，跨越國境到達另一個地方，己身之生命終有一天會結束，但人帶過去的生命，會繼續繁衍交流，因此以「棋盤腳」象徵人類移動記錄的元素。

　　除了「種子船」，當年「跨越國境・海」這件藝術作品同時與差事劇團編導鍾喬、紀錄片導演林建享合作，將台灣民間信仰儀式轉化為表演，讓媽祖在日本跳島與當地民眾互動，並將過程記錄下來。整個工作團隊數年來一路從蘭嶼到桃園、琉球，然後搭船到石垣島、與那國島，再從鹿兒島、屋久島、大阪到宮崎再到四國，可說是一次奇幻漂流的《漂航計畫》。林建享導演透過這個《漂航計畫》採集不同島嶼對於海洋的信仰，並回望我們自己的土地，希望在過程中產生一些新的想法。

　　林建享導演長期關注蘭嶼，他分享完這個藝術計畫後，額外提醒我們，在蘭嶼島上棋盤腳樹林下是蘭嶼人的墳地，更因棋盤腳在夜裡開花而被蘭嶼人視之為「魔鬼花」，蘭嶼人非常敬畏並懼怕這種植物，因此在蘭嶼千萬不能把棋盤腳帶到當地居民家中，這對他們是一種非常不禮貌的行為。

此外，林舜龍老師還分享了一段有趣的工作過程，他說日本人是直線思考，工作起來一板一眼，當時日本策展單位跟他索取詳細的組裝計畫，他說沒有，因為台灣人想到哪裡做哪裡，蘭嶼人更是隨興，所以他們沒有腳本，僅憑記憶直接組裝如此巨大的作品。可以想像當極度周詳的日本人遇見隨興的台灣人，當下碰撞出的火花何等有趣。

這個工作團隊在烈日下汗流浹背地組裝這個藝術作品，熱了、流汗了，就到海裡游一下泳，上岸後繼續工作，他們在台灣就是海洋之子，到了異國同樣熟悉大海。

此次偶然的「專訪」，讓人感動的不僅是「他鄉遇故知」，更看到台灣人如同棋盤腳般的生命力，隨海漂流至此，照樣能夠開花結果，大鳴大放。如今「種子船」永久置放在高松港，不同於往年多為年度展出，成為台灣藝術家在瀨戶內國際藝術祭的第一件永久展品。除了繼續傳遞種子船的海漂意象，同時呈現台灣山林縮影，不但賦予漂流木新生命，更將台灣豐富的自然生態資源，在首屈一指的國際藝術舞台上演出。

# 奔放熱情的
# 現代藝術之島——
## 直島

位於四國瀨戶內海的直島，早期一直寂寂無聞，曾是放逐崇德天皇的日本「火燒島」，幕末開始成為三菱財團的採銅精鍊場。隨著時光日漸蕭條的直島，直到現在島民仍不足四千人，全島只消一個「靜」字。

# About 直島

　　安靜了幾個世紀的直島，終於等到大放光芒的時刻。當年福武財團陸續購下直島土地，啟動「直島文化村構想」計畫，隨著二〇〇五年地中美術館、二〇一〇年李禹煥美術館的開館，諸多國際藝術家如安藤忠雄、杉本博司、草間彌生、宮本隆司、三宅信太郎等大師陸續在此「擺陣」，小島驟然翻紅，被英國旅遊雜誌《Traveler》選為「世界上最值得旅遊的七個文化名勝」之一。

　　「瀨戶內國際藝術祭」舉行兩屆後，台灣已有不少遊客前去朝聖，且不限定為藝術愛好者。私以為既然叫做「直島」，便是能用「直覺」旅遊的島嶼，因島上的藝術作品泰半沒有太多「說明」，但憑遊客「自由心證」，相信只要來到這裡，看了作品感到愉悅、受到感動，對大師與當地居民就是一種激勵。

## 從數字看直島

**3,100**人

直島人口約有三千一百多人,約等同台灣的綠島人口。

**14.22**km²

直島的面積約為十四·二二平方公里,比新北市三重區還小一些。

**13**km

直島在行政區域上隸屬於香川縣高松市,距離高松港約十三公里,但距離岡山縣玉野市卻僅有二公里,是瀨戶內國際藝術祭幾座主要展島中較遠的一座。

**27**座

直島群島由大小共二十七座島嶼構成,但以無人島居多,人口主要集中在直島本島。

**1**間

直島上只有一間銀行、一台 ATM 提款機、一間便利商店(7-Eleven)、一間診所、一間牙科、一所小學、一所中學,沒有任何高中或大學。

**15**件

島上至少有十五件瀨戶內國際藝術祭之常設作品。

**3**間

雖然直島上很多單位機構的數量都只有一間,但大型美術館卻高達三間,分別是地中美術館、倍樂生之家、李禹煥美術館。

# Before 行前規劃

## 最佳造訪時間

### 季節

春、夏、秋三季。

無論是否為瀨戶內國際藝術祭舉辦年，都能在島上看到常駐型作品，逢舉辦年前往的好處是能看到更多藝術創作。但不少作品均選擇在每年十一月至二月作為維護期，較不建議於冬季前往。

### 個點時間

人氣打卡拍照地點莫過於草間彌生的紅黃兩顆大南瓜，受光線來源影響，早上最好先去倍樂生之家的黃南瓜，因該方位到了下午呈現背光狀態，若非專業攝影，拍出來的多為「黑南瓜」。紅南瓜全日皆可拍攝，如在傍晚回到宮浦港，那時港口方向的落日景象美極，可拍到美麗的「夕燒紅南瓜」。

## 島內觀光分區

直島觀光大致分為三個地區：宮浦港集落、本村集落、倍樂生之家（Benesse House）周邊，同一區內可以步行方式走完，但區與區之間的距離，靠徒步至少半小時以上，建議以島內巴士或自行車在不同區間移動。

# 最適交通工具

## █ 四國汽船（大型渡輪）

### 高松港（四國方面）—直島宮浦港
從高松的高松港搭乘渡輪渡直達直島宮浦港，航程約五十分鐘。

### 宇野港（岡山方面）—直島宮浦港
從岡山的宇野港搭乘渡輪渡直達直島宮浦港，航程約二十分鐘。

相關票價與船舶時刻表，請至四國汽船株式會社查詢。

網址╱www.shikokukisen.com

## █ 豐島渡輪（小型渡輪）

### 高松港—直島本村港—豐島家浦港
為小型渡輪，由高松港航行至直島本村港，航行時間約三十分鐘，由豐島家浦港航行至直島本村港則約二十分鐘。如須直接往來直島與豐島，可考慮此航線。不過要注意此航線的班次較少，冬季航行時間也與平日不同，且本村港為小型漁港，機能不如宮浦港便利，建議出發前先至豐島渡輪網站查詢時間與船資。

網址╱www.t-ferry.com/schedule_for_takamatsu

## █ 遊艇包船

直島有許多高速快艇公司提供包船服務，依照船舶類型有不同價格，可自行與當地快艇公司接洽。但以舒適度而言，幾乎沒有風浪感的大型渡輪（四國汽船）仍是最佳選擇。

## █ 直島島內交通方式

### 島內巴士
直島平均每小時會有一輛巴士由宮浦港出發，可抵達本村、倍樂生之家、地中美術館等，票價每人一百日圓，上車時付費。

### 自行車
宮浦港渡輪碼頭的旅遊中心提供自行車租借服務，普通自行車一天五百日圓，電動自行車一天兩千日圓起。由於直島上下坡路段不少，若自認腳力不佳，建議租借電動自行車。此外島上許多民宿與商店也都提供腳踏車租借服務，如為民宿房客可免費或以優惠價格租借，但請務必預約。

＊最新直島船、車時刻表，請見「直島町觀光協會」查詢。
網址╱naoshima.net/stay/index.html

## 最佳住宿推薦

　　島上大型飯店僅有倍樂生之家，但所費不貲。好在小型民宿與背包客棧皆有，更有女性專用民宿。若有預算考量，以下是我推薦幾間還不錯的住宿地點：

### ▌舒適民宿

#### ⌂ Cin.na.mon（宮浦港）
距離宮浦港非常近，下船後徒步兩分鐘可達，民宿本身也經營餐廳，用餐相當方便，附近有直島錢湯、007 紅色刺青男子紀念館、7-Eleven 等。

房型／和式（共 3 間）
價格／全室 4000 日圓起（附早餐）
網址／www.cin-na-mon.jp
地址／香川縣直島町宮浦 2310-31

#### ⌂ 田舍家（宮浦港）
同樣位於宮浦港區，民宿本身也經營餐廳，用餐相當方便，附近有直島錢湯、007 紅色刺青男子紀念館、7-Eleven 等。

房型／和式 4 間、洋式 1 間
價格／純住宿 3700 日圓、含晚餐 5700 日圓起
其他／不含早餐，建議於便利商店購買，自行
　　　車出租 250 日圓
網址／naoshima.net/stay/inakaya/index.html
地址／香川縣直島町宮浦 6 區

#### ⌂ 民宿老爹的海（民宿おやじの海）（本村）
位於百年藝術村本村內，已有八十年歷史的古民家。民宿本身經營貓咪咖啡館，貓管家數隻（極盛時期有十一隻），是愛貓人士的最佳選擇。

房型／和式 7 間
價格／純住宿 4000 日圓、含早餐 4500 日圓起
其他／自行車出租 500 日圓

網址／ameblo.jp/naosima-oyajinoumi
地址／香川縣直島町本村 774

### ▌背包客棧

#### ⌂ Little Plum（宮浦港）
位於直島錢湯後方，同時經營咖啡店與酒吧，餐廳裝潢呈現美式風格，距離宮浦港步行五分鐘內可達。

房型／上下舖，每間 4 人，男女分室，共 3 室
價格／1 人 1 床 3000 日圓起（不含早餐）
其他／可以優惠價 500 日圓租賃電動自行車
　　　（非住客 1500 日圓），須預約
網址／www.littleplum.net
地址／香川縣直島町 2252-1

#### ⌂ Seven Beach（宮浦港）
無論室內室外都以強烈色彩吸引旅人的目光，房型多樣化，有多人共用的上下舖房型，亦提供個別房。餐點搭配形式也多樣化，單純住宿、一泊一食、一泊二食的方式皆具，是非常彈性化的住宿地點。

房型／上下舖男女分室（4 人 1 室），個室則和洋式皆有
價格／純住宿 3600 ～ 4200 日圓／
　　　附早餐 4500 ～ 5100 日圓／
　　　附早晚餐 6700 ～ 7300 日圓起
網址／yado-sevenbeach.com
地址／香川縣直島町 2310-19

## 女性專用民宿

🏠 海邊民宿波平（海辺の民宿波へい）
（積浦港）

房間寬敞舒適，還可聽到海浪拍打港口的聲
音，但距離主要景點稍遠。

房型／1～4 人房均有（和式／和洋式共 2 間）
價格／1 人 3500 日圓起（早餐 +200 日圓，晚
　　　餐另計，均須事先預約）
其他／自行車免費租賃
網址／naosima-namihei.wix.com
地址／香川縣直島町 39-10

🏠 西村屋（本村）

位於百年藝術村──本村村落內，附近有許多
古民家、喫茶店、風格咖啡等，村內有數個小
型作品可參觀。

房型／1～4 人（和式，共 3 間）
價格／1 人 4500 日圓起
其他／自行車免費租賃，宮浦港免費接送
聯絡方式／nisimuraya@sky.hi-ho.ne.jp
地址／香川縣直島町 746

＊島上其他住宿地點，可至「直島町觀光協會」查詢。
網址／naoshima.net/stay/index.html

＊以上住宿價格如有異動，以店家公告為準。

# Classic 經典直島

## 直島的玄關，宮浦港

### 海之站「NAOSHIMA」

　　渡輪甫入港，首先映入眼簾的便是這棟宮浦港的候船室（待合室），簡潔俐落的現代外型，乍看之下有些加油站的意味，實際上是直島所有交通、觀光、展覽、文藝、訊息……的交流平台。這棟由 SANNA 設計的海之站，有著巨大而平整的鋼板屋頂，但下方僅以細鋼架支撐，最中央的建築體甚至沒有實心牆面，完全以玻璃打造（廁所除外）。仔細往裡看，候船室、船票銷售處、餐廳、紀念品販售區的川流人潮一覽無遺，甚至連直島觀光案內所的辦公室也看得一清二楚。但

為何需要這麼大片的屋簷？原來玻璃室外是大巴士的車道，一台台準備駛上客輪的大巴士在此排隊等候，團體旅客、自行開車或搭乘大巴士來的旅客不能擅自登船，必須在此統一上車，連人帶車一起開上船後，才能下車進入船艙內休息，因此登船會比自由行的散客多花些時間，瀨戶內海幾個島嶼的渡輪規定大抵如此。「海之站」不但是直島的旅遊起點，也是終點，請務必在此多停留一些時間，收集資訊也好、填飽肚子也罷，先將直島能量充電完畢後，再行上路也不遲。

🏠 海之站「NAOSHIMA」
（海の駅「なおしま」）
地址／香川縣直島町 2249-40
管理單位／NPO 法人直島町觀光協會
087-892-2299
營業時間／直島旅遊中心（觀光案內所）
08:30 ～ 18:00，餐廳 10:00 ～ 19:00（12月至 2 月為 10:00 ～ 18:00），紀念品銷售處 09:00 ～ 18:00

## 特別推薦

既然是直島的充電區，當然也具有填飽五臟廟的功能。海之站內的餐廳餐點相當多樣化，從溫玉烏龍麵、現炸豬排咖哩飯等正餐，到直島限定的馬卡龍與霜淇淋、一般常見的咖啡啤酒三明治等，種類意外豐富。

## SANNA 小檔案

SANNA 是由日本兩大建築師「妹島和世」與「西澤立衛」共同組成的建築事務所，知名作品有熊野古道美術館、金澤二十一世紀美術館等，目前正在進行中的作品之一為「台中城市文化館」。其中西澤立衛曾是國際建築界最高榮譽普立茲克獎（Pritzker Architecture Prize）的得主，豐島美術館、十和田現代美術館、森山砥……等建築都是他的作品！

## 說到底都是因為南瓜

直島上有名的高檔美術館多了去，有安藤忠雄的地中美術館、李禹煥美術館、倍樂生之家……但大多數來到直島的旅人，不都為了草間彌生的南瓜嗎？

直島共有紅、黃兩顆南瓜，紅南瓜位於宮浦港口，船舶靠岸時就能清楚看到；黃南瓜則在倍樂生之家的海灘上。兩顆南瓜都是草間彌生的作品，像被施了魔咒，吸引來自世界各地的旅人造訪，可說是直島的公關大使。

紅南瓜的外型較為扁平，特色是可在內部穿梭自如，且四周腹地寬廣、綠草如茵，說穿了，就是拍照時可玩的「梗」比較多。而這顆紅南瓜在日本青森縣的十和田美術館戶外展區，還有個顏色不同但外形一模一樣的雙胞胎姊妹，兩顆都是常駐型展品，風雨無阻地在直島與十和田市等候「南瓜迷」們造訪。

位於倍樂生之家海岸的黃南瓜，所有權隸屬福武美術財團，遊客雖可在此拍照，但公開與商業使用的限制較為嚴格。

❀ 草間彌生紅南瓜（赤南瓜）
所在地／ 宮浦港海之站「NAOSHIMA」旁
開放時間／ 24 小時
門票／免費

### 草間彌生小檔案

大名鼎鼎的現代藝術家──草間彌生，隨著作品陸續來台展示，且於二〇一五年在高雄、台中、台北美術館巡迴展出後，已成台灣家喻戶曉的「魔幻點點大師」。善用高彩度對比的圓點花紋加上鏡子，或採繁殖效果，大量包覆各種物體的表面，是草間彌生的作品特色。由於色彩繽紛，甚至帶點可愛與時尚意味，很快就擄獲各年齡層，特別是女性的好感。但據草間彌生自述，幼年時期曾患有神經性視聽障礙，因此所謂特殊風格，其實是她腦內的幻覺世界。

Shinro Ohtake Naoshima Bath "I ♥ 湯"
Photo:Osamu Watanabe

## ♣ 風格先決的直島錢湯

作品名稱／直島錢湯「I ♥ 湯」
創作者／大竹伸朗

　　直島是座「風格先決」的藝術小島，雖然島上有著其他神級大師的聖殿級作品，但私心還是最喜歡這棟混亂拼貼的公共浴室，奔放的慾望充分展現在直島錢湯上，以狂野模式呈現，也是瀬戶內國際藝術祭的「天字第一號」作品。

　　所謂「錢湯」就是付費使用的公共澡堂，而「湯」在日文的發音接近 YOU，所以唸法上，「I ♥ 湯」就像「I ♥ YOU」，順理成章成為湯屋的標語。

　　整棟湯屋就是個藝術品，這樣的拼貼與設計真是張牙舞爪，充滿了強烈的情感，從外觀的巨型裸女剪影燈箱，到室內的彩繪磁磚風呂繪，甚至還有來自日本性愛博物館「秘寶館」

的大象模型以及各種原創藝術畫作等等，彷彿在泡湯之中，連毛細孔都可以感染創作者的爆發力。

大竹伸朗於二〇〇九年打造直島錢湯，他認為澡堂是充斥「記憶」與「裸體」的場所，人在澡堂內泡澡時，不但能讓身體放鬆，思緒甚至能進入空白模式，彷彿胎兒待在母親子宮內的羊水中，舒適而純粹。而澡堂內那些原本帶有些許情色遐想的藝術品，也在這樣的概念下，反顯出天然而原始的意味。

男女湯池僅隔著一面牆，隔壁男眾講什麼聽得一清二楚。忍不住幻想牆的另一面，是否有人在浴池中遇到了全身刺青的暴力團大哥，然後被強迫去幫大哥刷背……種種無厘頭漫畫情節，在腦中肆意展開。

我想起堺雅人與香川照之主演的電影《落 Key 人生》（鍵泥棒のメソッド），飾演殺手的香川照之在澡堂踩到肥皂滑倒而撞頭失憶，寄物櫃鑰匙被堺雅人撿到後偷換身分，自此殺手變小弟、魯蛇充大哥。如此精采的電影劇情，或任何不可思議的人生際遇，似乎都從公共澡堂開始。但實際上，牆的那一頭只傳出老先生們呱啦呱啦的話家常模式，雖與我幻想中的場景不同，但屬於公共澡堂的樂趣仍是濃烈的，加上日本人習慣的坐洗方式，彷彿更能去除全身的汙垢與疲憊呢！

所在地／香川縣直島町 2252-2（宮浦港步行 2 分鐘可達）
電話／087-892-2626
價格／510 日圓
營業時間／平日 14:00 ～ 21:00，週六、日 10:00 ～ 21:00，週一公休

Shinro Ohtake Naoshima Bath "I ♥ 湯"
Photo:Osamu Watanabe

## 大竹伸朗 Shinro Ohtake 小檔案

大竹伸朗是日本相當知名的現代藝術家，也是我最喜歡的日本藝術家之一。若只從作品來看，可能會以為大竹伸朗是名青春年少的青春期男生，沒事在課本上亂塗鴉，彷彿隨便一翻就會看到滿版裸女的特寫。事實上一九五五年出生的他已屆花甲之年，善於以拼貼形式創作，作品一向具有強烈的爆發力，色彩與張力彷彿總開到最大值，屬於南國式的狂野奔放。

## NaoPAM 裡的大象花子

造訪之前不知道這小小店家有兩個身分：「NaoPAM 畫廊」與「島食 DO 食事處」。當時只想進去喝杯冰咖啡，沒想到開門後忽見龐然大物，雖未拔山倒樹而來，卻著實讓人嚇一大跳！

定睛一看，是個以稻草製作、足有兩層樓高的大象模型，這神祕的藝術作品是日本武藏野美術大學「稻草藝術團隊」的作品，名喚「花子」。因為在直島附近的海底曾經發現過「納瑪象」的化石，所以作品呈現了直島與自然歷史的關係，而這忽見龐然大物的際遇，為我的直島之旅帶來不少奇幻成分。

之所以知道這些細節，自然是因為後來終於遇到了食堂老闆——井上先生，原來是我走錯門，否則一般人應該是先進到食堂後，才由食堂進入大象展示區。我點了一杯冰咖啡，三百五十日圓，在悶熱的雨後下午，從視覺上就讓人感到涼爽。一邊喝咖啡，一邊聽這位看起來很性格的井上老闆與老闆娘講述稻草大象的故事，他們一家人主要是負責「島食 DO」的料理。

井上先生說店名 Nao 是直島的英文名，PAM 則是 Performance, Art, Marche 三個單字的縮寫，NaoPAM 是小豆島「MeiPAM」的姊妹店，都是與原有島民餐廳結合的藝廊。透過食物了解藝術，而不是高高供在美術館裡，這樣的概念在瀨戶內國際藝術祭中經常可見。

順帶一提，老闆娘井上太太有另一個身分，她是日本「直島女文樂」的復興者，所謂「女文樂」是由女性所操縱演出的「人形淨琉璃」木偶劇，目前被列為人類非物質文化遺產，亦為香川縣無形文化財。小小的食堂老闆娘竟有如此深厚的文化功夫，所謂「高手在民間」，大抵如此。

地址／香川縣直島町 2268-2
電話／087-813-4400
價格／NaoPAM 藝廊入場費用 300 日圓，
　　　可抵食堂消費
時間／島食 Do 食事處 11:00 ～ 19:00
　　　NaoPAM 藝廊 11:00 ～ 19:00

## 龐德的異想世界——007 紅色刺青男子紀念館

在英國 007 系列小說《紅色刺青男子》一書中，故事發生在日本許多地區，也包括直島，因此這部小說很受日本人歡迎，粉絲甚至還發起各種支持活動，希望好萊塢能將其拍成電影。二〇〇四年原著作者與電影公司真的來到日本與直島勘景，當時還傳出女星藤原紀香有可能是該片的龐德女郎，可惜只聞樓梯響，電影始終沒開拍。由於日本人太希望這部小說被拍成電影，在心願實現前，部分愛好者便於直島成立了「007 紅色刺青男子紀念館」（赤い刺青の男紀念館），將小說中提到的場景，以藝術化的方式呈現於此。甫進門便可看到一顆巨大的心臟，足有一個人高，讓紀念館呈現些許詭異的氣氛，如果沒看過這本小說，可能無法理解這些展品的意義，不過館內同時也有早期 007 電影的海報、道具與周邊商品等，對 007 系列電影熟悉的粉絲，仍能逛得不亦樂乎。

地址／香川縣直島町 2294
開放時間／09:00 ～ 17:00
票價／免費
管理單位／直島町觀光協會
087-892-2299

# 直島上的百年藝術村——「本村」物語

雖說直島上最著名的觀光勝地，自是那兩顆紅黃大南瓜，但南瓜之外，藝術家們最大的貢獻之一，就是將「本村」這個具有百年歷史、且充滿古民家的小村落，從寂靜的小漁村，進一步成為讓直島變成具有知名度的「藝術之島」的重要角色。

人口高齡化不僅僅是小島的問題，也是整個日本的噩夢。日本人長壽，出生率又低，加上這些小島交通不便，年輕人出外讀書打拼後，願意再回島上居住的人實在不多，小島上幾乎只剩老年人口。直島「本村」同樣面臨村落日漸遲暮的現象，藝術家們因而展開了「家計畫」（家プロジェクト Art House Project）專案，將一些已無人居住的老屋，以藝術作品妝點，讓觀光客能按圖索驥，前來這個古老平靜的小村落一遊。

老屋們換上新裝後，古舊與時尚便同時發生，甚至帶點超現實意味，不但吸引更多藝術家進駐創作，也召喚了藝術愛好者與遊客前來。有趣的是，當地居民的藝術天份，比起大師毫不遜色，漫步巷弄內可以發現居民自己打造的各種創意小品，同樣吸睛，誰說藝術是少數人才玩得起的世界？

Honmura
Photo: Ken'ichi Suzuki

## ✿ 本村家計畫七大藝術點

本村「家計畫」共有七個藝術點，除了 Kinza（きんざ）必須預約且單獨購票外，其他六件作品可購買「共通券」一次欣賞。

Art House Project "Minamidera"
Architect:Tadao Ando
Photo: Ken'ichi Suzuki

### ✿ 家計畫「南寺」

作品名稱／ Backside of the Moon
創作者／ James Turrell
建築設計／安藤忠雄

這件作品的建築物與建築內的藝術作品，分由不同大師所設計。先說建築物「南寺」，因該地舊址是一座叫「南寺」的寺廟，故沿用舊名。由安藤忠雄設計，以融合本村古民家的風格，打造一座展覽會場。而內部讓人體驗黑暗與微光的藝術作品「Backside of the Moon」，則由美國藝術家 James Turrell 所創作。

此外，位於南寺前方村子口的公廁，也由安藤忠雄設計，可無料參觀盡情使用。亮點在廁所屋頂，既維持了公廁的空氣流通感，又能保有藝術造型，建議大家不妨體驗體驗，在藝術大師作品內徹底解放的快感。

### ✿ 家計畫「牙醫的異想世界」

作品名稱／牙醫／舌上夢／墨痕窺視
（はいしゃ／舌上夢／ボッコン覗）
創作者／大竹伸朗

這棟報廢屋的前身是牙醫診所，前面提到大竹伸朗擅長拼貼藝術，將整棟房子的裡裡外外打造為一件完整的藝術作品，同時保留過往的牙醫診所元素。而拼貼風格充分表現出舌頭對於各種味覺、氣息與口感的想像。

Art House Project "Haisha" Shinro Ohtake
"Dreaming Tongue/BOKKON-NOZOKI"
Photo: Osamu Watanabe

Art House Project "Ishibashi"
Photo: Ken'ichi Suzuki

Art House Project "Go'o Shrine" Hiroshi Sugimoto
"Appropriate Proportion"
Photo: Hiroshi Sugimoto

### ✿ 家計畫「石橋」

作品名稱／山水（ザ・フォールズ）、
空之庭園（空の庭）
創作者／千住博

　　這棟具有超過百年歷史的古民宅，以前是直島知名的製鹽家族——石橋家的房產。屋舍本身就是無價的歷史建築，經修復後，內部展示了二件千住博的作品，分別為二〇〇九年的「空之庭園」與二〇〇六年的「山水」。由於石橋家本身已極具參觀價值，因此作品與屋舍合而為一，不搶主角風采。

### ✿ 家計畫「護王神社」

作品名稱／ Appropriate Proportion
（アプロプリエイト プロポーション）
創作者／杉本博司

　　原為江戶時代所建造的護王神社，杉本博司在神社主座前方以光學玻璃打造一座階梯，直通神社前方地下室，象徵連結天堂與黃泉。參觀動線隨著導覽人員指引，進入黑暗的石室後，再從另一座玻璃階梯往上走回人間，狹長的通道另一端可以看到遠處的海平面，再順指引筆直前進，便可看到廣闊的美麗海景，短短幾分鐘，從天堂到黃泉再回人間，才發現原來最美最珍貴的一切，就在眼前。

### 杉本博司小檔案

一九四八年出生於日本東京，被譽為現代主義大師，較為世人所知的身分是攝影家與建築師，但同時他也是雕刻家、古美術收藏家、日本能劇編劇、傳統戲曲製作人、藝術評論家等，身分多元。在二〇〇八年曾以作品「海景」獲攝影界諾貝爾獎 Hasselblad Foundation 國際攝影獎，並在倫敦以一百二十八萬美金拍賣出，為目前亞洲當代攝影最高紀錄。

Art House Project "Kadoya"
Photo: Norihiro Ueno

Art House Project "Gokaisho"
Photo: Ken'ichi Suzuki

## ✿ 家計畫「角屋」

作品名稱／「角屋」Sea of Time 98 Naoshima's Counter Window, Changing Landscape.

創作者／宮島達男

這件作品是家計畫的第一個老屋改造計畫，古民宅本身已有兩百年歷史，經翻修並作舊處理後，讓老屋在盡量維持原貌的狀態下延續生命。室內開了一方水池，就是作品「Sea of Time 98」，水池上閃爍著不同顏色的數字燈，以不同快慢頻率不斷倒數。這些象徵生命韻律的閃爍速度，由島民自行決定，因此算是藝術家與島民的集體創作。

## ✿ 家計畫「Kinza」

作品名稱／Kinza（きんざ）

創作者／內藤禮

雖為直島本村家計畫的七個藝術點之一，作品置放在同樣具有百年歷史的老屋中，藉由金屬與光影變化，營造時間靜止的氛圍，將觀看者的靈魂帶入另一個宇宙時空。

門票／510日圓，單獨販售。僅於每週四至日11:00～13:00、14:00～16:30開放（參觀本作品須預約）。

## ✿ 家計畫「碁會所」

作品名稱／碁會所

創作者／須田悦弘

「碁」就是圍棋，碁會所是以前居民下圍棋的集會空間，藉由庭院中真實種植的椿花（山茶花），與和室中榻榻米上的木雕椿花做對比，展現日式禪意與靜態美；真假椿花之間，彷彿又像要旅人仔細分辨直島的原始美與人工美。

✿ 家計畫

6大作品共通聯票 1,030 日圓
（各作品現場不販售門票，請於海之站直島觀光案內所或倍樂生之家先行購買）

開放時間／10:00～16:30（週一公休）
交通方式／從宮浦港租車或自行車前往，約30分鐘可達；步行約50分鐘；公車約20分鐘，在「農協前」站下車。
管理單位／Benesse Holdings, Inc.
電話／087-892-3223

＊所有作品內部嚴格禁止拍照。

ANDO MUSEUM / Photo:Yoshihiro Asada

 位於百年老屋的 ANDO MUSEUM

創作者／ANDO MUSEUM
創作者／安藤忠雄

　「安藤忠雄美術館」（ANDO MUSEUM）不屬
於家計畫七大作品，卻是瀨戶內國際藝術祭的重
要作品與藝術據點。美術館設在百年老屋內，外
觀上刻意保留古民家風格，看不到安藤忠雄經常
使用的清水模建材。內部則利用一樓與地下室共
同營造出空間上的「安式風格」，主要展出安藤
忠雄在直島上的活動記錄，並有建物模型陳列。

⌂ ANDO MUSEUM
開放時間／10:00 ～ 16:30
票價／510 日圓（可刷卡）
地址／香川縣直島町 736-2（本村）
管理單位／福武財團 087-892-3754

## 安藤忠雄小檔案

安藤忠雄，一九四一年生，大阪府人。

建築界的傳奇人物，只有高職學歷、靠自修考上建築師執照，卻成為世界級的建築巨擘。他認為旅行才能造就建築家，二十四歲時帶著當時打工所賺的六十萬元日幣，遊走世界各地開始自學建築之旅，五年後果真回日本成立了自己的建築事務所。代表作品有住吉的長屋、光之教堂、水之教堂、地中美術館、Fort Worth 現代美術館、表參道 Hills 等。安藤忠雄以清水混凝建築聞名，善用建築與自然光形成的光影變化，進而發展出安藤獨特的建築語彙，獲得不少國際建築獎的肯定。

## 在古民家喝杯咖啡吧！seto・UCHI

　　每次去「本村」都會找間古民家咖啡館坐坐，體驗那「未經翻修」的懷舊氣息。藝術新裝是好，但原味素屋亦能讓人感受到舊時光景中的閑適，是尋找藝術大師作品外的收穫。深得我心的古民家餐廳咖啡館，店名叫做「seto・UCHI」，似乎是把「瀨戶內」（Setouchi）拆成「瀨戶・屋子」兩個字。

房子有百年以上歷史，是食堂、咖啡館，也是書、電影的交流處。點了杯手沖熱咖啡，滋味香醇，有一定水準，在非藝術祭期間，能極度安靜地享受一小段古舊時光。

地址／香川縣直島町 742
營業時間／09:00 ～ 22:30
公休日／不定

## 倍樂生區

　　提到「倍樂生」，家有小朋友的父母，第一個想到的幾乎都是「巧虎」。沒錯，本書一直提到的倍樂生之家，與巧連智同樣隸屬於倍樂生株式會社，也就是福武財團。畢生致力於教育事業與藝術教育的財團最高顧問——福武總一郎先生，出身於岡山縣，他一直認為：人必須生活在幸福的社區才能感到真正的幸福。而幸福社區的定義，就是「可以讓人生大師——年長者笑容滿面的地方」，因此將直島打造成為藝術之島，

　　不少人以為直島之所以翻身，是靠著近年來聲名大噪的瀨戶內國際藝術祭，殊不知藝術祭其實是福武財團在此耕耘多年後所結的果實。以藝術耕耘地方，絕對是漫長的光陰，很多地方想振興觀光，紛紛起而效尤複製類似模式。但多半只炒短線，忽略辛苦的耕耘過程，以為複製美好的成果就能交出漂亮成績單，結果就是抄得四不像。

　　整個「倍樂生區」包括倍樂生之家、地中美術館及李禹煥美術館三大美術館，彼此相距不遠，館與館間可以步行方式移動，途中還能沿著海岸山路欣賞直島的山海美景。但由於每個美術館佔地廣闊，建議至少保留一天在此區參觀，若受限於時間，也請務必至少停留一個下午。

 倍樂生之家

創作者／安藤忠雄

　　倍樂生之家（Benesse House Museum）是美術館，但兼有旅館、餐廳、咖啡店、戶外公園等多樣化功能，共有「Museum」，「Oval」，「Park」以及「Beach」四棟建築物，全由安藤忠雄所設計。如果台灣有類似機構，可能會被稱作「倍樂生休閒藝術度假村」之類的吧。以藝術為本但兼具實用功能的複合式建築，本就是福武財團的擅場，重點仍是希望讓遊客能多些時間停留在小島上，深入體驗在地況味。

## 美術館

倍樂生之家最早成立的，便是主美術館的所在建築。但美術館的館藏不見得都放在主美術館內，數十件現代藝術作品，分布在館內、公園、戶外區等，包括大名鼎鼎的草間彌生、杉本博司、大竹伸朗、柳幸典、須田 弘、Bruce Nauman 等大師作品，均在此等候愛好藝術的旅人大駕光臨。

## 住

倍樂生之家四棟建築均包含旅館區域，主美術館「Museum」的旅館房間就在美術館樓上；「Oval」位於美術館後方山丘，為一橢圓形的建築，住客須搭纜車才能抵達，不開放一般遊客參觀；「Beach」自然設在海岸邊，海灘美景是最大賣點；「Park」前方是一片草原，草原上散落各種色彩繽紛的當代藝術品。如果預算許可，非常建議選擇在這裡就宿一晚，無論入住哪一棟，都像是住在美術館內。因為除了展區，每棟建築內都有房客專屬的展覽區，就連旅館房間內也都擺放了大小不一的藝術品，在無敵海景與大師作品加持下入眠，是極佳的住宿體驗。此外，住在倍樂生之家旅館的最大優點還包括服務，例如旅館到港口、主要景點的專屬接駁車，以及各大藝術點的「整理券」，能先行預約部分景點。雖然有些獨厚房客的意味，但畢竟這島上大多設施都屬於福武財團與 Benesse Holdings,Inc.，且住宿所費不貲，讓房客能享有貼心服務，應該是可以理解的措施。

Shinro Ohtake "Shipyard Works "Stern with Hole"
Photo: Koji Murakami

Photo: Ken'ichi Suzuki

## 吃

　　比起住在美術館裡，在此用餐顯得平價許多，主美術館「Museum」附設日本料理餐廳，午間便當定食兩千日圓一份，算是平價。餐廳布置毫不馬虎，同樣打造成藝廊風格，讓客人像是在大師作品前用餐。餐廳入口處不大，美術館內的參觀者無法看到餐廳內部，但在餐廳用餐的客人，卻能享有一大片落地窗的風景，還能遠眺些許瀨戶內海的海景，快意無價。

　　美術館最上方還有一間咖啡廳，也很適合小憩，吧台地區能一覽瀨戶內海，可說是美術館視野最佳的地區。一旁紀念品販賣區，銷售各大藝術家的周邊商品，台灣人熟悉的草間彌生與安藤忠雄……等周邊商品都買得到，價格不斐，不過此處接受刷卡，幾乎無人空手離開，人手一袋各種南瓜造型的紀念商品呢。

Shinro Ohtake "Shipyard works Bow with Hole"
Photo: Shigeo Anzai

Photo: Mikiko Fujioka

## 南瓜

　　就算你能抗拒紀念品，也絕對難以抵抗藝術實品的吸引力！大名鼎鼎的草間彌生「黃」南瓜，獨自佇立在倍樂生之家海灘區的小碼頭上，遠從各國各地來朝聖的粉絲絡繹不絕，無論晴雨皆有旅人等著與之合照。小碼頭上總有不下十來組人馬，彷彿影展紅地毯，每組嘉賓輪流與南瓜合影，一組完了換下一組，彼此不干擾不擋鏡，專業得很。其實大家心理清楚搶鏡沒有好下場，黃南瓜置於環海的窄小碼頭上，大家自動乖乖排隊照相，誰都怕被擠下海。

## 公園

　　從主美術館「Museum」徒步走到位於海邊的黃南瓜時，會經過一大片翠綠草地與海灘，連同後方兩棟低調的建築物「Park」與「Beach」，便是倍樂生之家的另外兩大區域。雖然建築物為旅館區，不開放一般遊客進入，但福武財團並未把公園與海灘圍起來，這片大自然美景不專屬於房客，任何人都能來此一睹海景，及草地上的各式雕塑藝術品。

Yayoi Kusama "Pumpkin"
Photo: Shigeo Anzai

❀ 倍樂生之家
開放時間／08:00 ～ 21:00（年中無休）
票價／1030 日圓
所在地／香川縣直島町琴彈地
電話／087-892-3223

❀ 日本料理一扇（ミュージアムレストラン）
營業時間／朝食 07:30 ～ 09:30，午餐 11:30
～ 14:30， 晚 餐 18:00 ～ 19:45 ／ 20:00 ～
21:45（二部制、預約制）
價格／午餐 2000 日圓起，晚餐 7722 日圓起

❀ 咖啡店與紀念品專賣店
營業時間／10:00 ～ 17:00

❀ 住宿
Museum ／ 38016 日圓起
Oval ／ 53460 日圓起
Park ／ 32076 日圓起
Beach ／ 71280 日圓起

# ☘ 埋在山裡的地中美術館

作品名稱／地中美術館
創作者／安藤忠雄

　　安藤忠雄向來擅長利用建築與當地景物對話，地中美術館遊走於地表與地下之間，以若隱若現之姿隱藏於山海之間的山谷中，為了避免破壞山海景觀，建築物大部分都掩埋在山裡，對安藤忠雄粉絲而言，無疑是必訪的朝聖殿堂。走在那彎彎曲曲的甬道，要不是安藤大師特別設計的天窗採光，可能會像走在秦始皇的地下城。

　　地中美術館的建材，僅使用混凝土、鐵、玻璃、木材四種，以極簡線條構築設計，色彩由「灰」與「白」所組成，是一貫的安藤印象。雖說地中美術館本身就是一件藝術品，但館內僅展出三位藝術家的作品，個個來頭不小，最大的亮點便是莫內的《睡蓮》真跡，誰有這麼大的財力購入莫內作品？自然是福武總一郎先生本人。巨大的《睡蓮》本尊，雖有媒體以「將莫內變成配角」來形容安藤忠雄的功力，但我認為莫內的震撼仍勝建築。

　　另外兩件作品則分別是 Walter De Maria 的空間裝置藝術與 James Turrell 的光影作品。

　　地中美術館的氣氛是莊嚴靜謐的，整個參觀過程有如宗教儀式般聖潔，脫鞋、禁食、禁攝影、禁碰觸是基本守則，但幾乎禁語、禁停留、禁帶花傘、禁用鉛筆以外的文具……氣氛如同參加彌撒，要說謁陵也不為過，就連工作人員也像祭司般一身素衣面無表情，館內美極卻也讓人屏息。

Chichu Art Museum
Photo:FUJITSUKA Mitsumasa

　　但或許就是這樣肅穆的參觀過程，壓抑的情緒才能在見到睡蓮的那一瞬間徹底宣洩。

　　展區以外，還有兩個讓人得以自在的地方，一是從接待處通往美術館的路途中遇見的「地中之庭」，靈感依舊來自莫內的《睡蓮》。第二個讓人得以稍微放鬆的地方，便是美術館附設咖啡廳，特別是咖啡廳外的座位區，是俯瞰瀨戶內海的制高點。如果要到戶外，服務生會將客人所購買的飲品等放在竹籃內，方便攜出戶外享用。

☘ 地中美術館
開放時間／10:00 ～ 18:00（3 月 ～ 9 月）
10:00 ～ 17:00（10 月～ 2 月），週一公休
票價／2060 日圓
地址／香川縣直島町 3449-1
電話／087-892-3755

＊全館室內嚴禁拍照

Lee Ufan Museum
Photo:Tadasu Yamamoto

## ✿ 融合自然的李禹煥美術館

作品名稱／李禹煥美術館
創作者／李禹煥

　雖說是韓國藝術家李禹煥的專屬美術館，空間視覺上依舊很「安藤忠雄」，極簡、素雅。但入內後還是能輕易辨別三座美術館在環境氣氛上的不同，雖說均由安藤忠雄設計，但能各自呈現三種不同的參觀感受。

　入口處豎立著李禹煥所設計的大型角柱以及巨石作品，非常壯觀。從美術館方向朝瀨戶內海望去，天地海連成一線，藝術品自在坐落於這片視覺風景之中，既是現代藝術，更是一幅天然畫作。

❀ 李禹煥美術館
開放時間／10:00 ～ 18:00（3 月～ 9 月）
10:00 ～ 17:00（10 月～ 2 月），週一公休
票價／1030 日圓
地址／香川縣直島町字倉浦 1390
管理單位／福武財團 087-892-3754

# 二〇一六
## 瀨戶內國際藝術祭新參展藝術家介紹

### 藤本壯介

　　這位大名鼎鼎的日本建築師藤本壯介，曾在二〇一二年與伊東豐雄共同獲得威尼斯建築雙年展的最高殊榮金獅獎，但對大部分台灣人而言，之所以知道他，恐怕都是因為台中那座暫緩興建的「台灣塔」吧！原本計畫設置於台中水湳經貿生態園區，空中綠洲般的台灣塔，雖然最後未能執行，但其建築理念已深刻烙印在許多台灣人的心中。二〇一五年他在直島上打造「直島亭」（直島パヴィリオン），說是涼亭，但長得一點都不像涼亭，藤本壯介以白色細鋼骨建構出如同蛛網、又像蠶繭般的建築作品，日間看來純白俐落，到了夜晚，裝置上的 LED 燈便閃閃發亮，營造出與白天完全不同的氣氛。藤本壯介的作品特色就是名稱與建築形式完全不符，例如台灣塔長得一點都不像塔，這座直島亭自然也不像涼亭。還好功能不變，遊人可自由進入穿梭，為宮浦港妝點出如同海市蜃樓般的幻境。

### 三分一博志

　　其實三分一博志已不是第一次參展，他最著名的作品「犬島精鍊所」（現已改名為犬島精鍊所美術館），獲得第四回日本建築大賞。二〇一六年他在直島打造「直島劇場」（直島ホール），同樣根據直島天然環境與民俗文化所設計，將作為直島無形民俗文化財「直島女文樂」的固定演出劇場，此外還設有體育室、研修室等，作為直島公民的共同活動空間。

## Do or Don't 注意事項

1. 直島上多數藝術作品，特別是室內作品嚴格禁止拍照，請務必遵守。
2. 島上民宿多不主動提供早餐，如需民宿提供早餐服務，請務必先行詢問民宿主人。
3. 島上僅有一間便利商店，位於宮浦港區，如需過夜，請在宮浦港地區時把握時間補貨。
4. 島上多數店家不提供信用卡消費，請於登島前準備足夠的日圓現金。
5. 大型渡輪暈船機率很低，如為極易暈船體質，可事先服用暈船藥。
6. 「本村」雖為家計畫的藝術展示示範村，但仍有許多在地居民，請勿擅闖民宅。
7. 如需當天來回，務必留意船班時間。盡量避免當天才決定留宿直島，因島上大多數民宿當天訂房的價格會比事先預定來得貴。

055

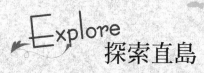

# Explore
## 探索直島

寺島

葛島

山神社 开

風戸山

NaoPAM 畫廊、島食DO

007 紅色刺青男子紀念館

直島錢湯「I ❤️

海之站「NAOSHIMA」

宮浦港

紅南瓜

荒神島

# 物產豐美的
# 牛奶之島——
# 豐島

豐島位於瀨戶內海的東部，介於直島與小豆島之間。之所以被稱為豐島，正因其地下水資源豐沛，滋養出翠綠豐美的水稻、牧草與蔬果。二戰後憑著島上的畜牧業與乳業，養活許多戰後棄嬰，提供母親般的大地養分，讓豐島曾有「牛奶之島」的美名。

# About 豐島

　　曾經豐美肥沃的島嶼，卻無辜受到國家經濟發展的惡果。一九七五年香川縣政府與無良垃圾運輸公司簽約，在豐島西北側丟棄高達六十噸的有毒廢棄物，直至一九九〇年被發現時，島上大片土地與海洋生態早已遭受長期的污染與破壞。經過島上居民長期奔走抗爭，不惜背負「鬧事份子」的形象，終於在二〇〇〇年獲得日本政府的道歉，並以無污染的方式重新處理這些土地與海洋，前後花了十多年才逐漸讓豐島從重傷中復原。以日本的社會發展程度，恢復這樣一個小島尚需付出如此高昂的代價，實在無法想像如果發生在台灣，又會是什麼光景？

　　如今的豐島，隨著廢棄物清除、並因著瀨戶內國際藝術祭而逐漸擺脫毒島之名，但歷史傷痕卻也成為豐島觀光特色之一。除了棚田美景、歷史遺跡與藝術作品，當年的「廢棄物非法傾倒現場」，現已成為觀光體驗景點，由當地居民述說豐島的過去與現在，在藝術之外，讓所有來到豐島的遊客，紮實地上了一課。也唯有在事發現場，才能深切感受到當經濟發展優於環保評估的做法，所造成的後果與代價是何等巨大。

## 從數字看豐島

# 9,000 年

根據豐島南端的「禮田崎貝塚」遺址判斷，九千年前即有人類居住在豐島。

# 1,018 人

豐島面積與直島差不多，人口卻只有其三分之一，多年來一直維持在百位數。瀨戶內國際藝術祭開始舉辦後，年輕人逐漸回鄉，目前已破千人關卡。

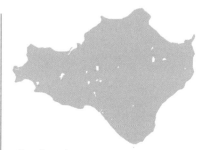

# 14.4 km²

豐島的面積約為十四・四平方公里，與我國綠島面積不相上下。

# 340 m

豐島最高處的壇山只有三百四十公尺，約為台北象山的兩倍高。

# 1 間

直島上只有一間銀行、一台 ATM 提款機、一間診所、一間加油站、一所小學、一所中學。沒有任何便利商店。

# 300 座

豐島少雨，但地下水量豐沛，大小水塘湖池有三百餘座，涵養出壇山茂密的森林與梯田，水路面積為其他瀨戶內海島嶼的三倍之多。

# 8 件

島上至少有 8 件瀨戶內國際藝術祭之常設作品，包含知名的「豐島美術館」。

# Before 行前規劃

## 最佳造訪時間

與瀨戶內海諸島類似，春夏秋皆為最適造訪季節。除「豐島美術館」為全年開放外（每週仍有固定休館日），其餘作品皆有冬季維護期，如需於冬季前往，請務必注意「瀨戶內國際藝術祭」網站公告的開放參觀時間。

## 島內觀光分區

豐島的景點與藝術作品較為分散，但仍可大致分為：家浦港區、唐櫃岡區、唐櫃濱區與甲生集落四個區域。各區域之間距離都不算近，建議以自行車代步或搭乘島內公車。

## 最適交通工具

從香川高松港、岡山宇野港、直島、小豆島均有航線行駛至豐島，可根據出發地點參考以下交通資訊。

### 高松港出發

**豐島渡輪**

自高松港出發的直行班次，航行時間約為三十五分鐘。豐島渡輪（豐島フェリー）至豐島共有兩條航線，一為直行，一為中停直島，請務必留意。

網址／ www.teshima-web.jp/access/post-15

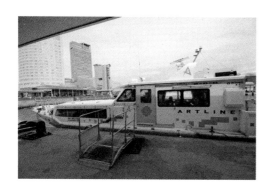

### ▋ 宇野港出發

#### 小豆島渡輪

從岡山宇野港出發，直行至豐島，在豐島的家浦港與唐櫃港均有停泊。宇野港至家浦港航行時間約為四十分鐘，續行至唐櫃港約二十分鐘，可至小豆島渡輪（小豆島フェリー）網站查詢。

網址／ www.shodoshima-ferry.co.jp

### ▋ 直島本村港出發

#### 豐島渡輪

自高松港出發，會先航行至直島再至豐島，回程亦同。直島至豐島航行時間約為二十分鐘，若從高松出發，總航行時間約為五十分鐘。出發時間依月份與星期有所不同，出發前一定要先至豐島渡輪網站查詢時間與船資。

網址／ www.teshima-web.jp/access/post-15

### ▋ 小豆島土庄港出發

#### 小豆島渡輪

自小豆島土庄港出發，航行時間約為三十分鐘。部分船班在豐島的家浦港與唐櫃港均有停泊，可至小豆島渡輪網站查詢。

網址／ www.shodoshima-ferry.co.jp

## 豐島島內交通方式

### 島內接駁巴士

豐島共有兩條接駁巴士路線，分別是「甲生線」與「唐櫃港線」，均從家浦港出發，車資為每人每次兩百日圓。除了到「甲生集落」需搭乘甲生線外，其餘大部分景點與作品可搭乘「唐櫃港線」。兩條線路的班次都不多，一日僅有四至八個車次來回，出發前請務必至豐島觀光網站查詢最新時刻表。

網址／ www.teshima-web.jp

### 自行車

豐島除了部分民宿提供自行車外，家浦港前亦有少數幾家自行車出租店。一般行情約為電動自行車四小時一千日圓、全日一千五百日圓；普通自行車四小時五百日圓、全日一千日圓。豐島幾個主要景點均在山坡上，單趟騎乘時間多在三十分鐘以上，建議承租電動自行車較為省力。有些出租店提供網路預約，在藝術祭開展期間，建議提前上網預約較為保險。

⌂ NPO自行車出租（NPO豐島PP プロジェクト）
地址／香川縣小豆郡土庄町豐島家浦 3837-5
電話／080-2943-7788
營業時間／09:00 ～ 17:00
網路預約／www.tppp.jp

## 最佳住宿推薦

豐島上目前沒有大規模的旅館或飯店，均為在地居民經營的民宿，每家能提供的房間數不多，如需住宿一定要事先預定。民宿主人多半年長，雖然有些人可以說簡單的英文，但建議不會日文的旅客，可事先準備好簡單的日文字卡以便溝通。此外豐島的民宿會共同提供體驗課程如：豐島石工廠參訪、農業體驗、參觀豐島廢棄物不法投棄現場……等，有興趣者請於訂房時告知民宿主人。

⌂ 田村夫婦家（家浦港區）
從房間就能直接看到家浦港，無敵海景為豐島所有民宿最優。但房間較小，規定一室一次必須入住兩人，但若有特殊要求，都可以在預定時先跟民宿主人商談。

房型／榻榻米 2 人房（共四間）
價格／2 人一室，每人 3500 日圓起（不附早餐但提供廚房自炊）
網址／www.teshima-web.jp/minpaku/tamura01

⌂ 川東夫婦家（家浦港區）
川東夫婦本身經營製麵所，入住於此可以看到製麵與傳統曬麵過程，非常有趣。分為男女房與混合房，為上下鋪房型，並提供公用廚房與洗衣機。

房型／洋式上下鋪 4 人房（共 3 間）
價格／3700 日圓起（附早餐）
網址／www.teshima-web.jp/minpaku/kawahigashi01

**緋田夫婦家（家浦港區）**

在傳統日式老房中提供兩間房間讓旅人居住，緋田夫婦本身務農，種植野菜與橘子，也提供農事體驗課程。最特別的是浴室目前仍使用柴燒熱水，住客在使用上與一般浴室並無不同，但屋外可見傳統薪柴，古意十足。

房型／榻榻米和室房（共2間，每間可入住1～3人）
價格／3500日圓起（附早餐）
網址／www.teshima-web.jp/minpaku/akeda

**特別推薦！**

**IL Vento 白寮民宿**
**（イル ヴェントの白い寮）**

雖說豐島上沒有大型旅館，但除了住在當地居民提供的民宿外，另有一棟由福武美術財團經營的「IL Vento 白寮包棟民宿」，全棟採白色簡約設計，從裡到外都潔淨地讓人徹底放空，難以想像是由八十年歷史的古民家變身而成。三房兩廳的格局，提供二至六人入住。最特別的就是戶外空間，可躺在木製甲板上仰望星空，享受豐島一方寧靜。

房型／包棟民宿，屋內採洋式格局
價格／4萬日圓起（含早晚餐）
網址／www.chc-co.com
注意事項／由於全棟為木造房，故全面禁菸禁炊煮，但小廚房提供熱水壺。

＊其他民宿資訊請至「豐島觀光協會」查詢。
網址／www.teshima-web.jp

# Classic 經典豐島

## 家浦港區

家浦港是豐島主要的門戶港，大部分對外的交通均由此港出入，算是豐島較為熱鬧的區域。港口附近的堤防上有不少貓咪，充滿悠閒氣氛。

### ♣ 進入迷彩幻境，Café IL Vento 咖啡館

作品名稱／你所愛的人會讓你哭泣（あなたが愛するものは、あなたを泣かせもする）

創作者／Tobias Rehberger（德）

該先介紹咖啡館還是藝術作品呢？其實這間位在家浦港口的咖啡館，全棟從裡到外就是一件藝術作品。原本是已有六十年歷史的空置古民家，經福武美術財團整修並邀請德國藝術家、也是二○○九年威尼斯雙年展金獅獎得主Tobias Rehberger，將空屋打造為藝術作品，實際上也是營業中的咖啡館。

Café IL Vento 咖啡館（カフェ イル ヴェント）外觀明顯看得出創作大師的黑白條紋風格，但大師只在花色上動手腳，實際上仍保留了傳統日式建築形式。爆炸式的創作風格，則呈現在咖啡館的內部空間，從一樓開始，桌椅、地板、天花板、牆壁到窗口，所有能應用的素材，都被塗裝成萬花筒般的黑白條紋，就連廁所裡也做同樣的視覺轟炸，綴以部分原色家具，令人目眩不已。另有部分內部陳設與牆壁地板做相同設計，頗有偽裝效果。二樓的風格則紓緩許多，無論是牆面的圓點呈現，或窗外的家浦港海景，都能讓眼部肌肉暫得休息。

除了咖啡，店內也有茶飲、氣泡酒、手工餅乾、奶酪等，入場料金三百日圓，可抵店內消費。對了，前面住宿資訊提到過的「IL Vento 白寮民宿」，及另一間「海之餐廳」（海のレストラン）

與這間咖啡館系出同門，均由福武美術財團所經營。但白寮民宿與海之餐廳並非 Tobias Rehberger 所設計，不屬於瀨戶內國際藝術祭的作品。

「海之餐廳」主要利用豐島的豐富食材如海魚、野菜、牛乳、水果、稻米等農產漁獲，搭配鄰近地區名物，如讚歧烏龍麵、小豆島醬油、小豆島橄欖油等，所做出的當地料理。餐廳的 Slogan 是「美味小島的美味料理」（「おいしい島」の「おいしい料理」），明確呈現出餐廳想表達的料理意識，也是福武美術財團一直以來在這些小島上的經營方向──表現在地特色。

海之餐廳除了提供午餐定食與一般性的咖啡酒水外，最特別的就是「日落晚餐」，由於餐廳座位區在冬季以外都能正對西方海面，能欣賞到瀨戶內海的夕陽景象，如同搖滾區般的日落貴賓席，美景美食皆有價，費用為三千五百日圓，且要兩天前預定。

🏠 Café IL Vento 咖啡館
地址／香川縣小豆郡土庄町豐島家浦 2309
電話／0879-68-3117
門票／300 日圓可抵消費
營業時間／10:00 ～ 17:00
公休日／週二（3 月至 9 月）、週二至週四（10 月至 2 月）

🏠 海之餐廳
地址／香川縣小豆郡土庄町豐島家浦字小港 525-1
電話／0879-68-3677
營業時間／11:00 ～ 17:00（日落晚餐 18:00 ～ 21:00 須提前預約）

### 威尼斯雙年展金獅獎大師 Tobias Rehberger

如果說看到點點或南瓜就想到草間彌生的話，那麼遇見這類黑白條紋迷彩創作，八九不離十就是 Tobias Rehberger 的藝術作品。他的作品在世界各地如紐約麥迪遜廣場、斯德哥爾摩現代藝術館、首爾三星美術館等地均有展出。近年來他著迷於將船艦與跑車等交通工具，換上具有強烈個人風格的條紋迷彩新裝，同時也為飯店、圖書館等公共空間做藝術設計。

Teshima Yokoo House
Photo:Tadasu Yamamoto

 ## 橫尾忠則的海海人生

作品名稱／豐島橫尾館
創作者／橫尾忠則（創作品）／永山祐子（建築）

　　介紹豐島橫尾館前，我想先談談這位藝術家——橫尾忠則，他的身分很多元，一開始是平面設計師、畫家，作品已被紐約現代美術館做永久收藏；後來與電影、媒體連線後，其創作生涯與知名度便不斷攀上高峰。他最受歡迎的多半是像電影海報或雜誌封面

這類商業作品，其蠻橫胡來的個性，也充分表現在這些作品上。怎麼說呢？他的畫風色彩極為強烈，日本國族主義深深鐫入其作品肌骨，卻又保留些許童趣；或有風俗畫的色情感，或有極道黑社會風格之驚悚感，可謂現代浮世繪。橫尾忠則的名人好友很多，名字經常與日本國寶級演員高倉健或大文豪三島由紀夫同時出現在媒體上，他的商業創作有極高比例與高倉健相關，特別是極道系列的電影海報、明信片、周邊商品等，無論是兩人各自的仰慕者、或喜愛日本國族、極道、武士道……風格的粉絲，都相當致力於收集這些設計商品。

橫尾忠則出生在一九三六年，有一種說法是「童年經歷過戰爭而能幸運活下來並發光發熱的人，人生觀多半有別於常人」，因為活得豪氣、狂妄、神經質，帶有一種「夕死可矣」的精神，加上他的好朋友自殺者所在多有，所以他對人生與生命的態度就是順從本能、活在當下。

再來看豐島橫尾館內的橫尾忠則作品，如「望鄉之湯」、「死之島」、「原始宇宙」、「葬之館」、「廁所」……等便能理解其特色，無論畫作或立體創作，均充分表現他的人生觀、死亡觀，及人性原始本能。

豐島橫尾館的建築設計則由年輕的女性建築師永山祐子擔任，同樣利用豐島近百年的農舍古民家改造，空間規畫極度精采，走過由「母屋」、「倉」與「納屋」三棟建築構成的展覽空間，穿過原本的日式庭園，進入新增建的圓筒高塔，讓整個橫尾忠則作品的觀覽過程，充滿前衛又衝突的視覺經驗，也呼應橫尾忠則狂放不羈卻又隨遇而安的人生態度。

橫尾忠則的作品常被製成明信片等文創商品。

地址／香川縣小豆郡土庄町豐島家浦 2359
電話／ 0879-68-3555
門票／ 510 日圓

# 唐櫃岡區

　　唐櫃岡區約位於豐島東半部近中央山區一帶，此區因靠近壇山故多為緩坡，但能遠眺瀨戶內海美景，一路上都能感受到清幽恬靜的鄉居氣氛。由家浦港騎自行車到此約需五十分鐘。

## 品嚐豐美島之味

作品名稱／島廚房（島キッチン）
創作者／安部良

　　在瀨戶內國際藝術祭的參展作品中，有些是獨立的公共藝術雕塑，但也有為數不少，像這樣與當地的民宅或店家結合的藝術作品。「島廚房」改建自聚落中的一棟老舊房舍，藝術家安部良在此表現的主題是「島與食」，室外開放式用餐區環繞著社區小舞台，不定期舉行各種活動，演繹出藝術作品與在地生活空間的親密關係。

　　島廚房所使用的食材，全由島民親自耕種，牆上黑板標示著親切而簡單的蔬菜履歷，讓人忍不住邊吃邊點名：馬鈴薯是田中先生種的、紅洋蔥是佐藤家生產的……蔬菜彷彿有了名字與生命，吃起來特別有滋味。

　　餐點設計由東京丸之內酒店的主廚山口先生指導，廚房員工們則由豐島上的社區媽媽來擔任。這天吃到的地魚料理相當美味，連魚骨都爽脆可口。餐後甜點是手工冰淇淋或奶酪，使用豐島牛乳製作，很受女性顧客歡迎。

地址／香川縣小豆郡土庄町豊島唐櫃 1061

電話／0879-68-3771（09:00-18:00）

營業時間／10:00 ～ 16:30（以網站公告為準）

價格／島廚房地魚套餐 1500 日圓

網址／www.shimakitchen.com，請務必事先上網查詢營業時間公告

## 🍀 大自然對豐島的恩賜

作品名稱／空的粒子（空の粒子）
創作者／青木野枝

　　藝術作品「空的粒子」位在豐島最知名的歷史景點之一「唐櫃清水」旁，這是有原因的，因此在介紹藝術作品前，要先認識唐櫃清水。

　　據說唐櫃清水是弘法大師在西元八百年左右所挖掘出的天然湧泉水，稱為「靈泉越水」，在四面環海的小島上，如此豐沛的天然淡水實屬可貴，不但提供全島人們日常生活使用，更滋養了豐島的土地，成為離島中難得能夠自給自足的豐收之島。在泉水上方有座「清水神社」，是豐島居民作為對弘法大師的感念而建。唐櫃清水目前共有一大三小共四個公共水槽，約建於一九二九年，已登錄至日本有形文化財，此區嚴格將洗滌與飲用的泉水分開，所以絕對不能在飲用水區洗手洗臉。也許是心理作用，這「靈泉越水」喝來果真覺得甘美無比，清涼透心。

除了豐沛的水資源，唐櫃清水之所以知名，自然也是因為弘法大師的關係。弘法大師本名空海，是當年至唐朝學習佛法的派遣僧，為日本佛教真言宗的開山祖師。日本人提到「大師」一詞，多半指的就是弘法大師，足見其地位之崇高。弘法大師出生在香川縣，經常遊歷四國地區與瀨戶內海諸島，在四國地區，有八十八間與弘法大師有淵源的寺廟等地點，被通稱為「四國八十八箇所」，之後成為日本佛教徒的朝聖地點，稱「四國遍路」。因此在四國地區的路旁，常見老人家穿著壽衣、持金剛杖、肩負「同行二人」背包，徒步走完這八十八個寺廟。這身行頭是有來由的，從前交通不便，老人家多半抱著會死在半路上的覺悟，但就算穿著壽衣也要踏上遍路之旅。而金剛杖代表著弘法大師，信徒認為雖然看起來像是自己一個人上路，但其實有弘法大師的精神隨行，因此叫做「同行二人」。

了解「唐櫃清水」的典故後，就不難解釋一旁的藝術作品「空的粒子」，以金屬線材形塑成一圈又一圈的造型，像是泉水化做跳舞的分子，渴望回到大海中一般。在豔陽高照下，唐櫃清水仍保持清幽靜謐，儼然福地。如果你是騎著自行車來到此區，不妨在此稍事歇息，喝口充滿故事的甘甜泉水，順道欣賞周遭的鄉居閒情，感受古人在此取水的感恩心情。

作品「空的粒子」。

　　唐櫃清水的地點距離前面提到的島廚房非常近，步行約十分鐘即可到達，如果時間允許，建議可安排在島廚房用餐後來此稍做歇息。

　　從島廚房走到唐櫃清水的路上，會經過一些民家，此時可以看到大自然給予豐島的另一項恩物「豐島石」，是豐島上的重要建材，據說京都許多神社的石燈籠或石鳥居，用的就是豐島石。但在豐島上，豐島石並非作為純裝飾使用，這就要提到瞬息萬變的島嶼氣候，可能前一分鐘還晴空萬里，後一分鐘忽地大雨滂沱，因此豐島很多民家都用豐島石來蓋房子，豐島石的成份是火山礫凝灰岩，耐熱又耐火，既能有效隔絕熱源，排水性又佳。上天真的十分眷顧豐島，給予充沛的水資源與天然石材，使其成為真正豐美之島。

地址／香川縣小豆郡土庄町豐島唐櫃字東伏 1261
開放時間／ 24 小時
門票／公共空間，免費參觀
注意事項／山區幽靜，人車稀少，不建議夜晚前往

Teshima Art Museum
Photo: Noboru Morikawa

## ❀ 豐島美術館

作品名稱／豐島美術館
創作者／內藤礼、西澤立衛

　說是美術館，但並非用來展示作品的空間，因為豐島美術館本身就是一個藝術品，整個設計理念同樣以豐島的「水」為主題。

　美術館坐落在豐島海邊的山坡上，俯瞰瀨戶內海。建築物外觀為一個約四十乘六十公尺大小的水滴形象，遠看像半顆裸露在泥土外的小巨蛋。空間並無明確的內外之分，光、水、風或蟲鳥植物皆可進入，與建築物共同生存。而美麗的梯田圍繞著這件藝術作

品，建築與自然結合，是當地居民發揮了核心作用，與美術館共同創造了一個和諧的環境，也是一座與當地環境共同呼吸的美術館。

參觀的動線已被設定好，由導覽人員精準傳達作品的設計意念，通過小徑，感受自然，然後進到主建築的「母體」。

在母體內部，除了水滴與一根繩子，空無一物。從地面下湧出的水滴，聚集為水灘，又散去，持續變化的水，如同生命體一般在這個開放的空間裡不斷地出生又死亡，水的循環彷彿暗示了生命的輪迴。而透過繩子的擺動，感受風的流動，間接體會光、風與鳥的聲音，傳達出通過的季節和時間的流動。

母體內是不能拍照的，還好館外有另一個「蛋」，是餐廳也是紀念品銷售區，在這裡自在多了，可以交談互動飲食，亦能盡情拍照。各式各樣水滴與梯田造型的擺設與周邊商品，讓空白的空間裡多了點可愛的溫度。餐廳米飯是由美術館周圍的梯田所種植，配菜亦為豐島在地耕種，同樣呼應了福武財團推廣在地農業的精神。

特別說明一下這兩顆蛋的建築工法，採古人蓋房子的方式，先用土堆堆起來，在頂端鋪上水泥，等水泥乾了，再把下方的土堆清掉，形成一個空的蛋。看似新潮前衛的建築藝術，其實不脫古老的傳統工法，古今結合的技術相當有趣。

## 藝術作品與觀看者的心靈互動

坐在母體內往外看，呈現在面前的景象，彷若「地水火風」。在佛法中，組成肉體及生命物質的四大元素，就是「地水火風」，當人死亡的時候，四大元素分解，回歸原本的「中陰身」，此中陰身就是不斷輪迴的那個「識」，這個識仍然保有「五蘊」（色受想行識），保有生前的一切情緒、執著、妄念，所以很容易便陷入輪迴。

其實導覽人員根本沒提到與佛法有關的這段概念，而是當藝術作品撼動到內心深處時，人生歷練會讓觀看者與作品產生心靈上的互動，自然產生不同的想法與感動，這是我的感受，而每個人的心得都會不同。

Teshima Art Museum
Photo：Ken'ichi Suzuki

地址／香川縣小豆郡土庄町豐島唐櫃 607
電話／0879-68-3555
門票／1540 日圓
開放時間／10:30～16:00（10 月至 2 月）、
10:00～17:00（3 月至 9 月），公休日為週二
（3 月至 11 月）、週二至週四（12 月至 2 月）

## 唐櫃濱區

　　唐櫃濱區同樣位於豐島東半部，但靠近海邊唐櫃港一帶。由家浦港騎自行車到此約需五十分鐘，如從豐島美術館騎來，一路下坡僅需約十分鐘，沿途海岸風光極為舒爽動人。

Christian Boltanski "Les Archives du Coeur"
Photo:Kuge Yasuhide

Christian Boltanski "Les Archives du Coeur"
Photo:Kuge Yasuhide

## ♣ 聽我心跳的聲音

作品名稱／心臟音的圖書館
（心臓音のアーカイブ）
創作者／Christian Boltanski（法）

在這離島的偏遠海邊小地方，只做一件事，就是聽心跳的聲音。

誰的心跳聲？來自世界各地，到過這裡並錄下心跳聲音的遊客。

整個錄製過程都在一個密閉的房間裡進行，錄音前在電腦上 key-in 你想對來聽心跳聲的人所說的話，然後戴上耳機，把特製收音器放在胸口，自己聽著自己的心跳聲，等覺得可以了，按下錄音鍵，就開始錄製一分鐘的心跳聲。然後服務人員會邀請現場的遊客，一同到室內展演廳聆聽。當下有種隱私被人聽光光的感覺，像是小鹿亂撞被發現似的，還好現場沒有心臟科醫生，不然可能會被發現有心律不整的問題吧？

事後他們給我一張 CD，記錄了我曾經活在這世上的，一分鐘心跳聲。

如果有一天我不在這個世上了，這裡會有我活在這世上的證明。編號是 10777 號！

地址／香川縣小豆郡土庄町豐島唐櫃 2801-1
電話／0879-68-3555
門票／入場 510 日圓、心跳聲錄製 1540 日圓
開放時間／10:00 ～ 16:00（10 月至 2 月）、10:00 ～ 17:00（3 月至 9 月），公休日為週二（3 月至 11 月）、週二至週四（12 月至 2 月）

# ♣ 搞笑的籃球場

作品名稱／沒人是贏家（勝者はいない - マルチ・バスケットボール）

創作者／ Llobet & Pons（西班牙）

不是有個老掉牙的笑話嗎？說清朝大臣李鴻章第一次看到籃球比賽時，疑惑地問洋人為什麼要搶成這樣？一人發一顆球不就好了嗎？

這乍看之下頗富趣味的籃框架，是藝術祭作品，也是真實可以玩耍投籃的設施。不但可以一人玩一顆球，且根據身高不同，人人都可享受投籃與灌籃的樂趣。籃板也非正規的方形，是豐島的島嶼輪廓圖。

既然有這麼多的籃框，沒人是贏家，自然也沒人是輸家，同處一個島嶼，所有居民都是命運共同體，榮辱都必須一同分享。對照豐島當年的不法廢棄物事件，若不是豐島居民為了家園團結抗爭到底，一群小蝦米又怎能成功對抗大鯨魚？

乍看是個有趣的籃框設施，背後意涵竟如此之深，這作品讓人深思良久。

地址／香川縣小豆郡土庄町豐島唐櫃港巴士站旁

電話／ 0879-68-3135

門票／免費

開放時間／ 24 小時

# 甲生集落

　　甲生集落位在豐島靠南方濱海處，這一帶多半是稻田、農地與少數農戶。往最南方向、越過御殿山的海邊，就是有九千年歷史的「禮田崎貝塚」。

## 舊公民會館再利用

作品名稱／遙遠的記憶（遠い記憶）
創作者／鹽田千春

　　在前往甲生集落前，途經一處掛滿圓竹籠的山區，一問才知道原來是當地居民自己做的，頗有跟藝術家較量的意味。

　　位在甲生集落的舊公民會館，被藝術家鹽田千春以各種木製門窗拼湊起來，作為通往舊公民會館的隧道入口，這些門窗都是從豐島各地的廢棄空置屋收集而來，上面布滿居住痕跡與生活記憶，會館內部同樣以這些廢棄木門窗作為裝飾。雖為常態性展覽，但隨著公民會館與這些木作的老朽，誰都無法保證作品的完整性能撐到何時。

地址／香川縣小豆郡土庄町豐島「甲生集會所」巴士站牌旁
電話／0879-68-3135
門票／300 日圓
開放時間／週六、日 10:30 ～ 16:30

# 二〇一六瀨戶內國際藝術祭新參展藝術家介紹

## Sputniko!（スプツ二子，本名尾崎優美）

該怎麼介紹這位超特殊又時尚的年輕日本女性藝術家呢？若在台灣應該會被媒體稱作「搞怪酷炫正妹藝術家」吧，但這樣的稱號仍不足以形容她的多元性與專業度，因為她雖然時尚、摩登，卻非常善於以新媒體從事性別、時事與政治議題相關的藝術創作。為了讓設計理念被看見，讓藝術圈以外的大眾也能加入作品討論，她大量創作 MV，從詞曲到 MV 主角一手包辦，很快就吸引了年輕世代的注意。總之「Sputniko!」是非常「混種」的藝術創作者，在她的世界裡不是有人與否的概念，也非對立空間，有點像「賽柏格」，無機體與有機體、或人與動物、或人與機器……都能同時並存，且為打散後再混合概念，非各自獨立的存在。她曾創作一支 MV「穿戴式月經體驗機」，劇情是一名喜歡變裝的男子，除了在服裝或生活上想盡辦法讓自己徹底女性化之外，更想進一步體驗女性生理期的感受，於是發明了「穿戴式月經體驗機」。這支 MV 在 youtube 推出後，沒有任何媒體宣傳，只是靜靜上架，馬上獲得五十萬次點擊，受到很大關注與討論。

雖然 Sputniko! 的創作多半具有強烈抽象意味，但遇到與時事相關的藝術創作，她卻又能在令人目眩的表象中傳達樸實意涵。像在日本三一一事件後，她與知名的天才美鞋設計師串野真也共同創作了「復興福島油麻菜籽鞋」，花俏的高跟鞋運用了力學原理，鞋跟裝入泥土與油菜花種子，只要一走路，鞋跟就會自動種植油菜花。原理源自當年俄國在車諾比核災後，科學家們經由長時間實驗證明，大片油菜花能吸收放射物質，Sputniko! 特別在時尚產品中注入這樣的概念，呈現她對環境的關注。她於二〇一六年瀨戶內國際藝術祭的作品「豐島八百萬實驗室」（豐島八百万ラボ）已於甲生集落開展，再次將藝術與科技做混種呈現。

# Do or Don't
## 注意事項

1. 豐島美術館及豐島橫尾館內嚴格禁止拍照，請務必遵守。
2. 豐島棚田景觀非常美麗，但請千萬不要走入田地拍照，造成農民困擾。
3. 島上沒有便利商店，一般雜貨店也很早打烊，如需過夜補貨，請務必把握島上商店營業時間。
4. 島上多數店家不提供信用卡消費，請於登島前準備足夠的日圓現金。
5. 如需當天來回，務必留意船班時間，避免當天才決定留宿豐島，因島上民宿主人年紀較大，多半很早休息，臨時訂房較為不易。
6. 豐島有許多史前遺址與古墳區，但並未規畫為觀光景點，有些甚至沒有道路可以抵達，請勿擅自前往。

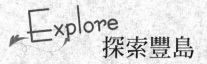

开金比羅神社

 豐島中學

 你所愛的人會讓你哭泣

加油站

家浦八幡神社 开

豐島橫尾館

 郵局

豐島小學

开豐玉神社

100円

 遙遠的記憶

卍藥師寺

守山愛樹園

# 南歐風情滿載的
# 橄欖之島──
## 小豆島

小豆島是座在日式傳統文化中散發希臘風情的美
麗島嶼，也是瀨戶內海中的僅次於淡路島的第二
大島。氣候溫暖，有如地中海，以日本橄欖樹栽
培的發源地、四百年歷史的醬油釀造業而聞名。

# About 小豆島

小豆島面積與人口較多，生活機能也比瀨戶內海其他島嶼來得豐富，聯外交通相當方便，大型巴士亦能直接開上渡輪後再下船續行。

在瀨戶內國際藝術祭開始前，小豆島就已是日本知名觀光勝地，島上布滿旅遊景點，無論是寒霞溪紅葉、戀人聖地天使散步道、百選夕陽、百選棚田、海底溫泉……甚至豐饒的物產如橄欖、醬油，都吸引觀光客前來一遊。

數十年前小豆島曾經因為電影《二十四の瞳》而廣為日本人所知，但這幾年小豆島人氣大增，則是因為《魔女宅急便》與橫掃日本電影金像獎的《第八日的蟬》兩部電影，讓小豆島大賺不少觀光財。

# 從數字看小豆島

## 27,000 人

小豆島整個行政區人口約有二萬八千餘人，扣除同行政區內的豐島人口，約為二萬七千人左右，是瀨戶內海眾島嶼中，人口數最多的島。

## 400 年

小豆島的醬油釀造業聞名全日本，約有四百年歷史，至今島上仍有二十多家手工醬油釀藏與佃煮工場。

## 9.93 m

小豆島的土淵海峽，最窄處只有九‧九三公尺，是全世界最窄的海峽，大約與台北市延吉街同寬，容易路過而不察。

## 153 km²

小豆島的面積約為一百五十三平方公里，約等同我國金門島面積。是瀨戶內海眾島中，淡路島以外最大的島嶼。

## 817 m

小豆島最高處的星城山有八百一十七公尺，海拔高度約等同七星山上的小油坑。雖不算太高，但該山區因有著寒霞溪的楓紅美景，入選全日本「三大最美溪谷」與「紅葉百選」，非常知名。

## 100 選

小豆島有多處百選名所：美麗的千枚田景觀，為日本農林省認定之「棚田百選」，該區的天然泉水「湯船之水」則為日本「名水百選」；夕陽之丘與三都半島兩處夕陽景觀，均為「日本列島夕陽百選」；天使散步道則是全日本「戀人聖地百選」；此外最知名的寒霞溪楓紅亦為日本「紅葉百選」。

## 7 個

小豆島全島共有七個港口，為瀨戶內海諸島之最。七個港口分別通往高松、岡山、宇野、日生、姬路、神戶、豐島等地，水路運輸非常便捷。

## 88 所

在「四國遍路」的行程中共有八十八所寺院、道場與靈場（墓園）可供參拜，稱作「四國八十八所」。在小豆島也有類似行程，稱作「小豆島八十八所」，規模較小，全程約一百五十公里，僅有四國八十八所的十分之一，但山路較多，同樣受到遍路參拜者的重視。

## 11 件

島上至少有十一件瀨戶內國際藝術祭之常設作品。

# Before 行前規劃

## 最佳造訪時間

小豆島本身就是觀光名所，春夏秋冬各有千秋，就算不參觀藝術作品，也能玩出四季況味，因此全年皆為最佳造訪時間。

## 島內觀光分區

在瀨戶內國際藝術祭的分類下，小豆島目前分為十個展區。但若受限於時間無法一一瀏覽所有作品，又想前往小豆島原有知名景點的話，不妨以下幾大分區為參考：土庄港＋土庄本町、中山＋肥土山、醬之鄉＋草壁港＋坂手港、三都半島、寒霞溪等五個區域。

## 最適交通工具

到小豆島的船班航線非常多，超大型渡輪與高速快艇均有，分別從香川高松港、岡山宇野港、神戶、豐島行駛至小豆島，可根據出發地點參考以下交通資訊。

### 高松港出發

**四國渡輪、國際渡輪、小豆島渡輪、內海渡輪**
自高松出發的船班，共有四家渡輪公司可選擇，但不見得都會停靠土庄港，購票前請務必確認停靠港口。

網址／四國渡輪 www.shikokuferry.com
國際渡輪 www.kokusai-ferry.co.jp
小豆島渡輪 www.ferry.co.jp/shoudoshima-line
內海渡輪 www.uchinomi-ferry.co.jp

＊請留意「四國渡輪」與「四國汽船」並非同一家公司。

### 宇野港出發

**小豆島豐島渡輪**
小豆島豐島渡輪從岡山宇野港出發，先行至豐島，在豐島的家浦港與唐櫃港中停，後續行至小豆島土庄港，雖然班次不多，但不失為跳島好選擇。本路線總航行時間約為一個半小時，可至小豆島豐島渡輪網站查詢。

網址／ www.shodoshima-ferry.co.jp

限次數搭乘島內公共巴士，非常划算，在各港口車站與巴士上均有銷售。

## 自行車

小豆島目前共有三家自行車出租行，詳列資訊如下。如須住宿於島上，不少飯店或民宿也提供出租或免費出借服務，訂房時可事先詢問。

## 新岡山港出發

### 兩備渡輪

兩備渡輪（兩備フェリー）自岡山市新岡山港出發，至小豆島土庄港約為一小時航程。

網址／www.ryobi-ferry.com/index.html

其他自神戶港、姬路港、日生港等均有船航行至小豆島，但班次較少，所有詳細船班資訊可至小豆島航路網站查詢。

網址／www.shodoshima.com/access.htm

## 小豆島島內交通方式

### 島內接駁巴士

小豆島上巴士路線相當多，且起站均為主要港口，相當容易辨認，幾個重要景點都可從土庄港或草壁港搭乘巴士前往，不過班次有限，出發前請務必算好車班時間。

網址／www.shodoshima-olive-bus.com/root.html

此外，小豆島針對公共巴士推出了一日券（2000 日圓）與二日券（2500 日圓），可不

特別推薦！
自行車數量最多且
提供電動自行車

⌂ 石井自行車出租店
（石井サイクル）

營業時間／08:30 ～ 17:00
地址／土庄町オリーブ通り（土庄國中旁，近迷路之城）
費用／4 小時 800 日圓、1 日 1000 日圓，電動自行車 1 日 2000 日圓

⌂ 內海渡輪自行車出租
（內海フェリーレンタサイクル）

營業時間／06:30 ～ 18:30
地址／小豆島町草壁本町 1053-3（草壁港渡輪站內）
費用／2 小時 500 日圓、4 小時 800 日圓、1 日 1000 日圓

⌂ 坂手自行車出租（坂手レンタサイクル）

營業時間／08:30 ～ 17:00
地址／小豆島町坂手 1847（在坂手港藝術作品「憤怒之星」附近）
費用／1 小時 200 日圓、1 日 1050 日圓（16:30 前須還車）、半日 520 日圓（08:30 ～ 12:00、12:30 ～ 16:30）

## 最佳住宿推薦

由於小豆島面積較瀨戶內海其他諸島為大，人口較多，也是度假勝地，因此中大型飯店或溫泉旅館不在少數。此外亦有國民旅舍、背包客棧、一般民宿、養老別莊……等，種類非常多元，滿足各種旅客需求。

此外，小豆島上大型飯店網站多設有繁體中文版本，資訊充裕，對於從台灣前往自由行的遊客來說非常方便。

## ▎大型飯店

⌂ 湯元小豆島溫泉 鹽之湯
（塩の湯 オーキドホテル）

從高松抵達小豆島土庄港時，還沒上岸就能看到這座旅館。上岸後步行至飯店只要一分鐘，十分便捷。此外無敵海景、溫泉與會席料理亦是飯店自傲之處。與一般印象中日本城市飯店相比，房間面積較大，且有女性專用房型，附設女性專用保養品與小物，相當貼心。

價格／10800 日圓起
地址／小豆郡土庄町甲 5165-216
電話／0879-62-5001
網址／ www.ohkido.com

### ⛪ 戀人聖地，小豆島國際飯店

位在知名戀人聖地──天使散步道起點，浪漫海景退潮露出的潔白沙灘，頗有南國情調。泡在露天風呂就能聽到瀨戶內海輕柔的浪聲，加上能夠眺望天使散步道的絕佳景致，是非常受戀人歡迎的度假飯店。距離土庄港車程約五分鐘，飯店提供至土庄港的交通接駁，但須提前預約。

價格／10650 日圓起
地址／小豆郡土庄町甲 24-67
電話／879-62-2111
網址／www.shodoshima-kh.jp

### ⛪ 小豆島橄欖度假村
（リゾートホテルオリビアン）

位在小豆島偏山區的位置，卻能欣賞到小豆島上獲選為日本「夕陽百選」的絕美景致，亦為日本媒體推選的「夕照美景飯店」。飯店特別推出「夕陽香檳服務」，只要當天夕陽露臉，就會在飯店大廳內免費招待房客香檳或柳橙汁。此外飯店設有全小豆島最大的露天溫泉與大浴場，可直接泡湯看夕陽，還有迷你高爾夫球場、戶外泳池、SPA 服務與三溫暖等，設施非常完善。

價格／9800 日圓起
地址／小豆郡土庄町屋形崎甲 63-1
電話／0879-65-2311
網址／olivean.com

♠ 小豆島海灣度假飯店
（Bay Resort Hotel Shodoshima）

可說是小豆島數一數二的高檔飯店，最大的特色就是所有客房皆面海，且從房內大窗戶就可以眺望寒露溪的山巒與瀨戶內海，秋景煞是迷人。室內室外均有溫泉可供泡湯，提供大浴場、露天風呂、個室風呂……三種形式，此外設有彩色浴衣區，女性住客可免費租借，超受歡迎。

價格／12960 日圓起
地址／小豆郡小豆島町古江乙 16-3
電話／0879-82-5000
網址／bayresort-shodoshima.jp

特別推薦！

♠ 島宿真里

位於小豆島東南方，隱身於醬油藏村落中的古民家民宿「島宿真里」。民宿內食堂所在的「母屋」（註：傳統日本住宅形式為多重廂房組成，母屋的所在地為客廳或主要起居之處，除母屋外還有廂房、穀倉……等）有八十餘年歷史，已被指定為日本國家文化財。

民宿住房乾淨清爽，兼具古民家與設計風，但更大的特色為「醬油會席」，以老字號「正金醬油廠」出品的四款醬油搭配適合料理供住客享用，讓住客透過味蕾徹底感受醬油島的魅力。

房型／全館共有七間風格不同的客房，和洋室均有
地址／小豆郡小豆島町苗羽 2011
電話／0879-82-0086
價格／21500 日圓起／人（含早晚餐）
網址／www.mari.co.jp

## 醬油會席介紹

島宿真里民宿提供四種醬油供食客試味，目的是為了呈現以下四種醬油特性：

醬醪：將鹽、水、大豆和小麥混合，加入鹽水和麴，經發酵及熟成後，不作任何過濾的「醬醪」，便是味道最濃烈的首醬。

生揚：首醬經過一次攪拌，便成「生揚」（類似中華料理界的「生抽」）。

淡口生揚：將攪拌過一次的生揚過濾後，便成我們平常吃到的「淡口生揚」。

二段熟成：若把「生揚」加入原材料和麴再次發酵、攪拌和泡煮，即成「二段熟成」，此過程需時一年半或兩年，而論甜度及甘香，也是「二段熟成」最受歡迎。

# Classic 經典小豆島

## 土庄港區

　　土庄港位於小豆島西南側，是小豆島七個港口中最大的一個，可謂主要門戶，往高松、岡山、豐島的交通均由土庄港出入。位於土庄港口有一大型特產超市兼餐廳，銷售島上名產如醬油、橄欖油、保養品等，可看到很多日本阿公阿嬤在此掃貨，不過別著急在登島時購買，因為這些瓶裝紀念品較重，等遊完小豆島準備離開之際，再行購買也不遲。

 ☘ 孩子的未來夢想

作品名稱／太陽的禮物（太陽の贈り物）
創作者／崔正化（韓）

　　位在土庄港口的雕塑作品《太陽的禮物》，由韓國藝術家崔正化與島上的小學生合作完成。靈感來自「橄欖之島」，他們以兩百五十片金色橄欖葉製作了一個直徑五公尺的桂冠雕塑，近看可發現每片橄欖葉上均刻寫著當地小學生對於未來的夢想。透過這個閃閃發光的圓環，不但可眺望大海，欣賞光與海洋的禮讚，也彷彿看到島上孩子們的心願，由此向大海飛翔。

地址／香川縣小豆郡土庄町土庄港灣內
門票／免費
開放時間／戶外展示作品，全年無休

### 崔正化──菜市場藝術家

一九六一年出生於韓國首爾，畢業於弘益大學美術學院西洋畫系的崔正化，幾乎參加了國際上重要雙年展與三年展，有「雙年展藝術家」之稱。崔正化的作品特色充滿世俗生活的趣味，經常將生活道具或清潔用品變身成為藝術裝置，他的創作名言為「藝術與垃圾只是一線之隔！」，被視為一種對快樂生活的讚美。菜市場是他藝術靈感的最大來源，這點可從他在二〇一三年於台南展出的公共藝術作品看出，上千座綠色塑膠菜籃交織堆放成一座裝置藝術「森林」，呈現他眼中的台南市場生活之美。

## 全世界最窄的土淵海峽

　　土淵海峽（土渕海峽）是小豆島與前島之間的海峽，但因為兩島距離太近，已被視為同一轄區。海峽全長二·五公里，入海口處就是土庄港，整條海峽最窄處只有九·九三公尺，跟台北市延吉街的寬度差不多，是全世界最狹窄的海峽，一九九六年被列入金氏世界紀錄。不會游泳卻想挑戰「橫越海峽」壯舉的話，來土淵海峽就對了，步行就能通過海峽上方的「永代橋」，之後到土庄町公所，花一百日圓申請「海峽橫斷書」，輕輕鬆鬆就能證明自己完成了金氏世界紀錄的海峽橫越挑戰。

位置／小豆郡土庄町淵崎甲 559-2
交通／於土庄港搭乘小豆島公車在「土庄本町」站下車

## 迷路之城

　　位於土淵海峽附近的村落，約建於大正時期與昭和早期，當時為避免海盜襲擊，同時阻擋海風，在村落的街道設計上，刻意採用十分狹窄的巷弄，加上彎彎曲曲的巷道設計，結構複雜，易守難攻。其實這樣的村落結構，在台灣西部沿海也很常見，最有名的就是鹿港九曲巷與台南隘門，同樣因防盜防風而作此設計。差異在於台灣的巷弄房舍多為閩南結構，而小豆島的「迷路之城」（迷路のまち）則充滿懷舊日式風情，吸引許多遊客刻意來此，尋找穿街走巷的小驚喜。

地址／小豆郡土庄町淵崎甲 1389-12（迷路之城實行委員會）
交通／於土庄港搭乘小豆島公車在「土庄本町」站下車

作品位置／小豆郡土庄
町迷路之城內
門票／300 日圓
開放時間／週五至週日
09:30 ～ 17:00

## ♣ 迷路之城美術館

作品名稱／迷路之城～變幻自在的巷弄空間（迷路のまち～ 幻自在の路地空間）
創作者／目（め）、柳生忠平（協力）、MeiPAM

迷路之城裡的 MeiPAM 美術館，是具有展覽空間功能的咖啡館，也是一個藝術團隊。在直島時曾提過，那存放著稻草大象「花子」的 NaoPAM 咖啡館，與 MeiPAM 就是姊妹店。MeiPAM 共有四個展場空間，全都在迷路之城內，這些空間原本為小料理店、和服店、醬油藏與雜貨店的古民家，MeiPAM 全都將之改裝成為藝術場所，分別是 MeiPAM01 ～ MeiPAM04，遊客們在迷路之城中尋找這些展場的過程，便能充分體會舊城時光中的迷宮趣味。

其中，MeiPAM04 非常具有參觀價值，因前身為小雜貨店，販賣彈珠、汽水等零食與小玩具，曾充滿附近孩子們的笑語，一樓現改裝為懷舊模型玩具空間，展出許多海洋堂出品的經典公仔。二樓則為「妖怪造型大賞」的特別展場，長期展出二百多種日本人想像中的妖怪模型。

此外，不知道是不是店主特別喜歡與妖怪有關的事物，MeiPAM03 近年也會固定舉行武本大志與柳生忠平的「妖宴」展，這兩人一個是妖怪雕刻家，另一個是妖怪畫家，經這兩位妖怪大師雙手創造出的魑魅魍魎，個個栩栩如生。可惜每次展期都只有短短的一兩個月，但也成為在瀨戶內國際藝術祭以外，讓人想造訪小豆島的另一誘因。

地址／香川縣小豆郡土庄町淵崎甲 405（咖啡店）
電話／0879-62-0221
開館時間／10:00 ～ 18:00
公休日／每週三

# 肥土山 & 中山區

「肥土山」與「中山」是小豆島的兩個地名，相距不遠，這兩個地區間相連的一整片肥沃梯田，放眼過去盡是綠意，不但是小豆島最主要的稻作區，其棚田（梯田）美景，更是日本農林省認定之「棚田百選」，連天皇也曾親臨造訪。此區因著農業衍生出特有的「農田歌舞伎」文化與「送蟲」儀式，雖位於山區，但難得美景與農業文化的深度，亦吸引外地遊客也想親臨造訪。

 台灣之光造就小豆島之光

作品名稱／小豆島之光（ショウドシマノヒカリ）
創作者／王文志（台灣）

王文志的作品向來以竹編形式為特色，「小豆島之光」以五千根竹子編織而成，包含走廊與舞台區，厚實飽滿的竹編建築佇立在山嵐、梯田和天空間，與周遭景色既能融合，又不失醒目。

前往這件作品，須從大馬路步行一段鄉間小路與溪流，再通過蜿蜒的竹編走廊，抵達建築內部的大舞台，過程讓人飽覽鄉間景色，心情舒爽平靜，頗有強烈的修行感。

竹編過程中需要大量人力，小豆島村民紛紛出手相助，這個完全與在地島民結合的作品，加上夜晚閃閃發亮的 LED 裝置，成了名符其實的「小豆島之光」。

（此作品於二〇一三年瀨戶內國際藝術祭時展出，現已拆除，因為是台灣藝術家的作品，故特別介紹之。王文志二〇一六參展新作品仍設置於此區。）

## 百選梯田之美，與小豆島特有的農村文化

　　前面提到「小豆島之光」的作品，是從公路往下坡的鄉
間小路方向，但公路另一側的上行方向，是更大片的梯田
風景，這公路兩側的整個稻作區被稱作「千枚田」，是經日
本農林省認證之日本「梯田百選」。而中間貫穿梯田的小小
溪，則被稱為「湯船之水」，亦是日本百大名水。想不到平
凡而美麗的鄉間景色，背景卻十分驚人，就連現任日本天皇
裕仁與皇后美智子也曾於二○○四年來此視察。

在「中山」與「肥土山」之間的連綿農村風光，除了景致宜人，也孕育出小豆島特有的農村文化。中山千枚田旁一座不是很大的神社，也大有來頭。每年季節交替之際，農民都會在此表演「農村歌舞伎」來酬神。與一般京都的室內歌舞伎不同，農村歌舞伎的舞台搭在戶外，且一定在神社對面，跟台灣早期農村搭戲棚酬神的方式頗有雷同之處，只是農村歌舞伎的舞台是固定建築，平常是關起來的，表演時才會打開，農民就在神社與舞台間的草皮上席地而坐，欣賞表演。

「農村歌舞伎」約在三百多年前開始盛行於小豆島，在江戶、室町和大正時代達到顛峰，至昭和時代共建造了三十個表演台，但留存至今的，就只有「中山」與「肥土山」兩處農村歌舞伎表演台。目前，整個小豆島的農村歌舞伎已被香川縣指定為「無形民俗文化財」，而中山這座農村歌舞伎舞台，更是日本國家指定的「重要有形民俗文化財」。

此外，這兩個地區的農民每年會在夏至後的第十一天晚上舉行「送蟲儀式」（虫送り），此儀式已有三百多年歷史，是很重要的農村祭典。每到送蟲日的傍晚，村民們拿著火把，沿著田埂敲鑼打鼓，繞行梯田一圈，一方面希望燻走對農作物有害的害蟲，一方面祈禱豐收。這樣的儀式，象徵意義大於實質，當小朋友帶著開心的心情，與家人、村民共同交流，不知不覺中就能將農村某個有價值的傳統、某個信息，透過快樂的祭典儀式，一年年一代代傳下去。而二〇一一年日本電影金像獎最佳影片《第八日的蟬》，亦曾對此儀式有所著墨。

相較於小豆島之光，我對整個中山地區的農村內涵更是感動，他們完整保留了身體食糧——稻田，與精神食糧——稻米文化；而同樣以米為主食的台灣，居然沒有讓人說得出口、歷史悠久的稻米文化或米食節慶，只有政府首長致詞與名人代言的地方活動，這些表面熱鬧的場子，常常像煙火一樣放完就沒了，對農民並無實質幫助。與其消耗公帑，不如找出各地的稻米或農村文化內涵，透過在地認可的活動傳承下去，方能成為繁衍綿長的農村文化。

千枚田、中山歌舞伎舞台／小豆島巴士大鐸線，春日神社站下車。
肥土山歌舞伎舞台／小豆島巴士大鐸線，肥土山站下車。
送蟲儀式／每年夏至後第11天晚間舉行。
農村歌舞伎／每年5月於肥土山舉行、10月於中山舉行。

## 醬之鄉 & 坂手港

在小豆島的東南方一帶，有個醬油藏（釀造場）和佃煮屋密布之地，就是大名鼎鼎的「醬之鄉」。由於小豆島的醬油釀造有四百多年歷史，一些老醬油藏亦被指定為國家文化財，加上近年觀光工廠的開發，讓醬之鄉成為小豆島的觀光勝地。

此外，位於醬之鄉不遠處的草壁港與坂手港，是小豆島醬油產品主要對外的運輸港口，而這一帶有關瀨戶內國際藝術祭的作品，大都陳列在醬之鄉與坂手港。

### 醬油之鄉的魅力

雖然小豆島當年是從關西地區習得醬油的釀造方式，但瀨戶內海特有的溫暖氣候，特別適合培養釀造醬油用的酵母菌，且拜當時興盛的海運業所賜，原料相當容易取得，也利於運往日本各地，醬油釀造遂成為小豆島的代表產業。

小豆島的醃製業原本就相當發達，島嶼周圍盛產的海帶、小魚等，都是「佃煮」料理的必要材料。所謂「佃煮」就是以醬油、糖烹調的食材，是一般日本家庭常見的料理配菜。通常以海帶、海鮮為主，經長時間烹煮入味，待水份蒸發收乾後，就能長久保存，也能輕鬆地運輸到較遠的地方。因此這種以醬油為基礎而發展出的佃煮屋，便自然而然在小豆島興盛起來。

基於上述淵源，醬油藏、佃煮屋與觀光工廠遍布的「醬之鄉」，成為許多觀光客前往探訪的重要區域，在地觀光單位也將這一帶規劃為

「馬木散策路」，並將重要的醬油藏做清楚標示，以便觀光客能依序探訪。

雖說這一帶是重要的觀光景點，但搭遊覽車前來的團客，幾乎都被帶到觀光工廠購物了，一般自由行客人反而有機會在飄散醬油香氣的「馬木散策路」中靜靜散步，細心感受醬油藏四百年來的歷史風華。

## 麴部屋 & 馬木散策路諮詢中心

本為 Yamasan 醬油（ヤマサン）商品銷售中心與簡單食堂的「麴部屋」，目前也是「馬木散策路」的諮詢中心。Yamasan 醬油品牌創立於一八四六年，為手工釀造的醬油釀造場，同時也銷售小豆島橄欖油。規模不是很大，但肩負起醬之鄉的諮詢導覽重任。「麴部屋」的食堂提供自家生產的橄欖油醬油拌飯、特製的醬油水晶粽及橄欖茶，肚子餓的話可在此稍事歇息。

地址／小豆郡小豆島町馬木甲 142
電話／0879-82-1014
開放時間／10:00 ～ 17:00

## 正金醬油諸味藏

雖然正金醬油的品牌創立至今僅有九十五年，但其醬油藏建築是目前醬之鄉內最古老的一間，建於一八八〇年，已被列為國有指定文化財，是重要的文化建築遺產。醬油藏目前仍在運作，內部所有看得見的地方，牆壁、地板、樑柱、醬油木桶、甚至空氣，都滿布醬油菌，與溫濕度形成一種完美的平衡。以大雪松製作的醬油桶足有二公尺高，共有三十二個，若有機會參觀，可屏息靜聽醬油細微的發酵聲音，那就是醬油職人用以判別醬油發酵程度的參考之一。

地址／小豆郡小豆島町馬木甲 230
電話／0879-82-0625
開放時間／週一至週五 10:00 ～ 17:00
注意事項／此為店面銷售時間，如須進入醬油藏內部參觀須事前預約

## 福井伊太郎釀造場跡

整座醬油藏已有數十年未運作，算是遺跡，推估應為昭和前期的醬油藏，但詳細資料已在一九七五年的水災中遺失，目前僅知道此醬油藏屬於福井家族。醬油藏為半開放狀態，因為已不再釀造醬油，可進入參觀。

地點／正金醬油諸味藏旁

### 參觀醬油藏注意事項

不是每個醬油藏都開放讓遊客進入，最主要是怕破壞醬油藏內的菌種平衡，特別謝絕抵達醬之鄉前曾吃過納豆的遊客參觀。這是小豆島醬油藏的不成文公約，因為自古以來納豆菌就是醬油菌的宿敵，只要醬油藏內出現了納豆菌，強悍的納豆菌會把醬油菌吃光光，該年的醬油便全毀，因此每個醬油藏主人都怕極了納豆菌。但不管能否進去參觀，光是這些醬油藏的陳年建築外觀，特別是黑色燒杉板就很值得欣賞，如要入場參觀，請務必預約，並遵守規範。

### ☘ 在橄欖園遇見貓王

作品名稱／梳著浪子頭的橄欖王（オリーブのリーゼント）

創作者／清水久和

行於「馬木散策路」時，會遇見二件瀨戶內國際藝術祭的常設作品，其中一件就是「梳著浪子頭的橄欖王」。

年輕人可能不知道什麼是「浪子頭」（Regent hairstyle）吧？那是一種流行於五〇、六〇年代的髮型，又被稱作飛機頭、力怎頭、貓王頭等，特色是將兩旁的頭髮以髮油往後梳，但前額頭髮則必須梳高。以前最常梳這髮型的名人就是貓王，因此又被稱作貓王頭。而台灣本土劇演員李璟，也是以此招牌髮型予觀眾深刻印象。

這件在橄欖園中的作品正如其名，就是一棵橄欖梳著浪子頭，但橄欖原本是淺綠色，為了醒目特地改成白色。有趣的是不知何人放了一顆橘子在作品的嘴巴裡，意味不明，但萬綠叢中一顆橘，十分搶眼。

作品位置／小豆郡小豆島町馬木甲
門票／免費
開放時間／戶外展示作品，全年無休

作品位置／小豆郡小豆島町馬木甲
門票／免費
開放時間／戶外展示作品，全年無休

## 大膽！竟敢在醬油桶裡上廁所

作品名稱／曲面小屋（おおきな曲面のある小屋）
創作者／島田陽

看出來了嗎？這是一座以醬油藏為造型的公共廁所，一樽醬油桶就是一間廁所！

雖然名稱只是叫做「曲面小屋」，但設計上卻非常在地化。只是不知道當初村民看到他們賴以為生的醬油藏，竟然被當做公廁設計的靈感，到底是覺得有創意還是生氣呢？

## 終於吃到醬油霜淇淋──丸金醬油紀念館

在「馬木散策路」之外，醬之鄉還有另一處「苗羽散策路」，同樣因著醬油藏聚集而形成了散步小路。這一帶最知名的醬油工廠，莫過於「丸金（マルキン）醬油紀念館」，由老廠房改建，內部展示昔日製醬油的工具與方法，不過最吸引人的還是門口的紀念品區，販賣醬油霜淇淋、醬油布丁等各種醬油周邊食品。本以為這些食品口味應該偏鹹，嚐過後竟感覺有股焦糖風味，與想像中的味道大相逕庭。此外丸金醬油工廠最具價值的，便是那興建於大正時期的廠房，為合掌造建物，目前亦已登錄為國有指定文化財。

地址／小豆島町苗羽甲 1850
電話／0879-82-0047
參觀費／210 日圓（賣店可免費進入）

憤怒的神龍！

作品名稱／憤怒之星（スター・アンガー）
創作者／矢延憲司（ヤノベケンジ）

　　位於坂手港舊燈塔的遺跡所在，看起來充滿殺氣的「憤怒之星」，造型是一條飛龍盤在圓球上，金屬材質讓整個作品在陽光下閃閃發亮，仔細一看球還會緩緩轉動，發出耀眼霸氣的光芒，即使夜晚也能從外海看到這件作品的炫彩燈光。雖然在概念上取代了傳統燈塔的功用，但據解說人員表示，神龍象徵水神，有神龍鎮壓的海港，便不會發生海嘯，因此亦可算是以藝術作品重新演繹傳統鎮煞之物。

　　在憤怒之星旁的候船室外，大片白牆有如畫紙，女畫家岡村美紀在此創作了「小豆島緣起繪卷」作品，以諾亞方舟的故事為背景，繪上神龍、舟船、洪水、峽谷等如同浮世繪的橫幅畫作。乍看頗有災難頻頻的警世意味，但畫作中出現的方舟、彩虹等元素，卻帶有「希望在明天」的寓意。

作品位置／小豆郡小豆島町坂手港碼頭
門票／非瀨戶內國際藝術祭作品，位於室外。
全日開放，免費參觀

## ✤ 憤怒的北野武？

作品名稱／來自地底的憤怒（ANGER from the Bottom）

創作者／北野武、矢延憲司

相信大家都聽過《伊索寓言》的「金斧銀斧」故事，告誡我們誠實的重要性。但這件作品的創作者可是北野武與矢延憲司，他們兩位怎麼可能會提供這麼正經八百的作品？

沒錯，這銀色金屬型的大頭怪物，一把鐵斧當頭劈上，睜着紅眼鬼氣逼人。每逢整點，黑色的身影從井裏冒起，搭配震撼音效，充滿超現況味。這故事在北野武的詮釋下，變成貪婪的樵夫看到神仙不賜金銀斧，便怒從中來把神仙也劈了。這是人性的貪念，也是擅於詮釋惡人心理的北野武風格！不過原本是純室外的作品，在長年日曬雨淋下，創作者最後還是搭建了棚子幫怪物遮風避雨。所謂惡馬惡人騎，貪婪的人性，終究還是會被大自然收服。

作品位置／香川縣小豆郡小豆島町
門票／室外作品，全日開放，免費參觀

## 三都半島

　　三都半島位在小豆島南端，是小豆島著名的欣賞夕陽之地，沿海而建的公路，是許多單車迷喜歡挑戰的路線之一。不過三都半島地形並不平坦，面積也比想像中來得大，開車繞上三都半島一圈約要四十分鐘。騎一般自行車前往，如果只是在池田港與主要藝術作品所在的「室生」附近打轉的話，路程還算輕鬆。但如果要挑戰整個三都半島，或要前往最南端的皇子神社、地藏崎燈塔，就有點難度了──除非你本身就是中重量級的單車客，否則若無柯P般強大的意志力、又無電動自行車的話，建議還是搭乘公車前往。

### ♣

### 在海洋的深深深處

作品名稱／花壽波島的祕密
創作者／吉田夏奈

　　小豆島的藝術作品多展在戶外，但其實還有許多「出其不意」藏身在某建物內的驚喜。例如夢想館內的「花壽波島的祕密」。花壽波島是小豆島附近一個無人居住的孤島，四周海域均被其他小島包圍，為了呈現花壽波島三百六十度的海底美景，創作者吉田夏奈使用「漏斗」型陶板作藝術裝置，參觀者從下往上仰視，可看到小魚、礁石、海草等海洋下的景致，隨後從一旁的樓梯走上去，從上往下俯瞰另一面向，可完整看到花壽波島所身處的海洋全貌，是創作者的設計用心。

作品位置／小豆郡小豆島町室生2084-1（ふるさと村夢想館2F）
門票／免費參觀
開放時間／10:30 ～ 17:00

## 戀人聖地——天使散步道

　　「天使散步道」的形成原因不稀奇，就是小豆島與陸連島「余島」間，因漲退潮所裸露出的小徑，金門建功嶼與澎湖奎壁山都是同樣的概念，差別在天使散步道退潮後的小徑以細沙舖成，夕陽西下時金光閃閃，分外浪漫。傳說只要和相愛的人在此牽手、散步至中余島後再回到岸上，便能受到天使的祝福，實現心中願望。不過要注意的是每天潮汐漲退有一定時間，小豆島觀光網站或散步道入口都有標示，請務必在漲潮前回到岸上，以免過得去卻回不來。

　　此外，天使散步道所連接的陸連島不只一座，分別有弁天島、小余島、中余島、大余島共四島，合稱為「余島」，這些小島一座連著一座，像串寶石緊連著小豆島，如果登上散步道入口處的「約束之丘展望台」（約束の丘展望台），便可遠眺這四座小島並俯瞰「天使散步道」。

展望台上有口鐘，戀人們若在此敲鐘，則可將幸福的鐘聲傳至遠方，如果這樣宣示仍嫌不足，兩人還可共同在繪馬上寫下祝福話語，綁在展望台旁「昭告天下」。

地址／小豆郡土庄町銀波浦
電話／土庄町商工觀光課 0879-62-7004
網址／潮汐表 www.town.tonosho.kagawa.jp/kanko/tnks/info38.html
開放時間／09:00 ～ 17:00
交通方式／自土庄港搭乘西浦線公車，車行約五分鐘後在巴士站名「國際ホデリ」下車

## 魔女也留戀——小豆島橄欖公園

　　小豆島在一九〇八年從美國引進橄欖樹在島上種植,是全日本最早種植橄欖樹的地方。橄欖樹性喜溫暖乾燥的氣候,而小豆島剛好符合這樣的自然條件,如果瀨戶內海是愛琴海,那橄欖公園所在的這片山坡就有點克里特島的意味,陽光、海洋、橄欖樹、風車,似乎原本就該存在於這裡。時至今日,全日本超過百分之九十五的橄欖均出產自小豆島,其「橄欖之鄉」的地位無可取代。

　　「小豆島橄欖公園」(オリーブ公園)園區面積不小,偌大的山坡上滿是橄欖樹,景點散布其中,包括最著名的小豆島地標——白色風車,吸引遊人們在此拍照打卡。大片橄欖園中有一棵特別知名,便是昭和天皇於一九五〇年親手栽種的橄欖樹,對日本人而言非常具有紀念價值。

不遠處的小木屋，是電影《魔女宅急便》的拍攝地，在電影中被設定為小魔女打工的麵包店，實際上是紀念品小賣店，裡面有很多橄欖與香草有關的手作商品，如手工皂、乾燥花香包等。

　　往橄欖紀念館的方向前行，當看到藝術家木村光佑的作品「友愛」時，橄欖紀念館也就到了。紀念館內有許多橄欖相關的知識與小豆島種植橄欖等歷史展示，此外還有餐廳、賣店等，如果想購買園內相關橄欖商品，如食用橄欖油、橄欖油保養品、橄欖食品等，都可以在這裡購買，這些保養品頗有「日系」的清新及溫和特性。運氣好時，可看到橄欖收成後實際冷壓製油的過程，當下看到那麼多的橄欖只能榨出有限的油，方才明白冷壓橄欖油在市面上會如此高價的原因。

　　園內還有溫泉區，當時受限於時間，無緣一泡。但整個戶外區還是值得走走，不但可以眺望瀨戶內海，還有台灣難得見到的大片橄欖樹，加上如果你對香草植物有興趣的話，這公園是值得待上半天的舒爽好景點。

地址／小豆郡小豆島町西村甲 1941-1
電話／ 0879-82-2200
網址／ www.olive-pk.jp
橄欖紀念館開放時間／ 09:00 ～ 17:00
交通方式／自土庄港有公車到達，車行約 25 分後在巴士站名「オリーブ公園口」下車

## 秋楓絕景——寒霞溪

一望無際的海景，在小豆島及瀨戶內海眾多島嶼，可謂最常見的風景畫。相較之下，所謂峽谷絕景便更顯難得與神祕。紅葉名所「寒霞溪」被指定為日本國家名勝，並劃入瀨戶內海國立公園，作為代表景觀而遠近聞名，是日本三大奇勝之一。

寒霞溪谷隨處可見群峰陡峭，怪石嶙峋的奇特景致，每到秋天，溪谷便被楓葉銀杏等各式天然顏料染得通紅如火燒，楓情萬種。若要比較，這奇岩怪石的天下絕景，不但不輸中國張家界的奇岩峭壁，其添上的紅葉風華，更讓許多日本人不遠千里來此欣賞。而欣賞這絕美景色的方式，便是搭乘連接山腳和山頂的寒霞溪纜車，無論迎面而來或隨勢而下的垂直岩壁，都令人觸目驚心。好在紅葉叢縱橫密布，旅客能在一片奪目絢麗的景色中向上爬升，暫時忘卻懸空纜車的驚險之處。

在紅葉旺季時搭乘纜車需要排隊，不過纜車一次可乘載四十人，且每隔十二分鐘就有一班次，無須等待太久。纜車抵達山頂後，一出站便可看到熱鬧的小型市集，販賣各式名產與熱食，有超市銷售伴手禮，還有食堂可以吃飯，總之山上氣溫低，這些賣熱食的攤販，每攤生意都強強滾。若不想跟日本婆婆媽媽擠市集，可步行至小豆島最高峰「星城山」，一次擁抱楓紅、俯瞰瀨戶內海和寒霞溪谷的美景。

地址／小豆郡小豆島町神懸通高瀨乙 168
電話／ 0879-82-2171
公休日／全年營業（依天候有可能停駛）
營業時間／ 08:30 ～ 17:00（12/21 ～ 3/20 僅營業到 16:30）
纜車票價／來回 1350 日圓，單程 750 日圓
網站／ www.kankakei.co.jp
交通方式／從草壁港搭乘神懸線巴士，約 15 分後在終點站「紅雲亭」下車。
從土庄港搭乘坂手線或福田南迴線，抵達草壁港後換乘神懸線巴士（如上述），交通時間至少需要一小時。

# 二〇一六瀨戶內國際藝術祭新參展藝術家介紹

## 竹腰耕平

在日本二〇一五年「現代日本雕刻展」，竹腰耕平以作品「宇部之木」獲得最大賞，而當時還在攻讀博士班的他，亦成為最年輕的受賞者。「宇部之木」的作品是一段種在透明壓克力板下的松樹根，平常人難以得見樹根長在土中的樣貌，但透過這件作品，觀看者除了能看到樹根在地下的樣貌，亦能感受樹根生生不息的生命力。而今年竹腰耕平在小豆島展出的作品，為類似概念的「小豆島之木」。

## 小篠順子

對日本服裝品牌有興趣的人應該都聽過 Junko Koshino，為服裝設計師小篠順子的同名品牌。出生於大阪，畢業於日本著名的文化服裝學院，母親是日本大名鼎鼎的女性時裝設計師小篠綾子，日劇《糸子的洋裝店》便是以小篠綾子一生的故事為角色原型。受到母親的影響，姊妹三人都是服裝設計師，小篠順子因經常在世界各地舉行服裝展，或與異業品牌合作，亦經常參與公共藝術與舞台音樂劇等創作，深受好評，曾獲日本國土交通省授予「國際交流大使」稱號。她在本回藝術祭展出作品為「ART no SHOW TERMINAL」，光從名稱看來就如同她的生活——藝術、服裝秀、航廈，但「No Show」彷彿又在玩弄作品名稱，讓人想一探究竟。

## 中山英之

曾獲「吉岡賞」的建築家中山英之，師承建築大師伊東豐雄，是新一代建築師中相當出類拔萃的代表。最常為人談論的作品之一便是「O邸」，跳脫一般方正的家用建築格局，並考量周遭道路與景觀的搭配性，所設計出的不規則曲面宅邸。在二〇一六年瀨戶內國際藝術祭中將以「馬桶」為主題創作，看來頗符合他一貫純白色系的設計特色。

# Do or Don't
## 注意事項

1. 小豆島上所種植的橄欖樹，僅供欣賞，千萬不能動手摘取橄欖。
2. 參觀醬油藏前一天不能吃納豆，請務必遵守。
3. 參觀梯田區請小心在田埂行走，絕對不可踏入田中央或踩踏稻作，這是非常失格的行為。
4. 看到正在進行「遍路」參拜的信眾，請不要隨意打擾對方，更不可拿著相機近身拍攝。

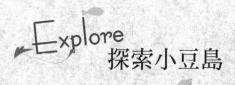

# Explore 探索小豆島

〒郵局

肥土山歌舞伎舞台

〒郵局　體育館　中山歌舞伎

星踳山

大麻山　　段山

卍本覺寺

太陽的禮物

迷路之城　土淵海峽

龜神社开　大深山　高見山　MeiPAM 美術館、迷路之城～變幻自在的巷弄空間

天使散步道

小豆島

开足尾神社

花壽波島的祕密

飯神山

段山

白浜山

N

干郵局

▲嶮岨山

寒霞溪

▲千羽ケ嶽

麹部屋一馬本散策路案内所
曲面小屋　正金醬油諸味藏、福井伊太郎釀造場跡
　　　　　梳著浪子頭的橄欖王
小學校
丸金醬油紀念館
　　　　　　蒼石山
　　　　　　洞雲山
若宮神社
　　　　　來自地底的憤怒ANGER from the Bottom
憤怒之星　小豆島緣起繪卷

# 島小人稀的
# 療癒貓島──
## 男木島

水仙之鄉男木島，每逢春天遍地開滿水仙花，如同島民個性，直爽不裝蒜。男木島位於香川縣高松市北部，隸屬直島諸島，與女木島並稱「雌雄島」。此外，這裡也被愛貓人士稱為「貓島」，連知名的動物寫真攝影師岩合光昭，也曾來此捕捉貓咪神韻。

# About 男木島

男木島面積不大，人口更是稀少，僅有一百八十人，說島上貓比人多，是現況而非玩笑話。

男木島唯一的村落就在男木港邊，屋舍依山而建，俯瞰海港，頗有九份的山城風情，差別只在男木島從未繁華過，只是從寧靜變得更寧靜，卻也成為不少旅人心中遁世而居的療癒之島。二〇一三年藝術祭期間，竟有十來萬人陸續造訪這座小島，讓島上平均年齡六十五歲的阿公阿嬤們歡喜得不得了，平常只有貓咪陪伴的他們，能遇到來自外地的年輕人與他們說說話，是三年一度的期盼。

島上有座祈求安全分娩的「豐玉姬神社」，據說相當靈驗，也頗為知名。可惜的是，男木島本身已多年未有新生兒誕生，不是神社不靈驗，而是外地人拜完後便回自己的居住區域生產，好在二〇一五年島上唯一一個新生兒入了男木島戶籍，把原本平均七十五歲的居民年齡，硬是拉低至六十五歲。

關於瀨戶內國際藝術祭，不少藝術家指名在男木島創作，二〇一〇年來自巴西的畫家大岩奧斯卡（大岩オスカール）在舊公民會館的巨幅畫作「大岩島」，因火災被燒毀，據當地解說人員告訴我，當時許多阿公阿嬤都哭了，因他們對作品的喜愛，不亞於藝術家本人。而二〇一六年的瀨戶內國際藝術祭，大岩不但繼續參展，且依舊選擇在男木島創作。我想說的是這個島小人稀的地方，熱力絲毫不輸其他島嶼，不只是藝術家喜歡，我想任何去過男木島的遊客，都會愛上這裡的陽光、空氣、海水、人與貓。

## 從數字看男木島

### 180人

男木島的人口只有大約一百八十人，但登記共有約一百五十個戶數，也就是平均每戶家庭只有一到兩人留在島上居住。

### 1.38km²

男木島的面積約為一點三八平方公里，只比台北「南港軟體園區」大一點。

### 100萬株

男木島上遍佈水仙花，據統計至少有一百萬株，數量非常驚人。

### 65歲

男木島人口平均年齡為六十五歲，年紀最大的長者為九十五歲，全島六十歲以上人口共有一百三十二人，佔男木島總人口一半以上。

### 120年

一八九五年興建的男木島燈塔已有一百二十年歷史，不但是島上最老的燈塔，也是日本最古老的燈塔之一。

### 10,000冊

男木島人口未達兩百人，圖書館藏書卻高達一萬冊，平均每人擁有 500 本書可看，圖書館使用島上專屬乳母車每日載運八十本藏書巡迴村內，作為行動圖書館。

# $\mathcal{B}efore$ 行前規劃

## 最佳造訪時間

春、夏、秋季都很適合造訪男木島,春季可看到水仙花盛開的景象;夏天的海景美得讓人念念不忘;而以捕魚為主業的男木島,秋季的海鮮最是肥美。

## 島內觀光分區

男木島很小,主要住戶均集中在男木港一帶,包括藝術作品也多半集中在此區。即便是最偏僻的觀光景點男木島燈塔,也只在不遠處的一公里多以外,步行半小時即可輕鬆抵達。

## 最適交通工具

前往男木島,只能從高松港出發,搭乘「雌雄島海運」,到女木島跟男木島是同一班船,去程會先至女木島再至男木島,回程則由男木島經女木島後返回高松。

雌雄島海運時刻表(高松市觀光局)／自高松港出發航行四十分鐘後可抵達男木島(含中停女木島時間),每日船班不多。
網址／www.city.takamatsu.kagawa.jp/2108.html

## ▌男木島島內交通方式

### 自行車

男木島島上沒有任何公車或公共交通工具,唯一代步工具只有自行車,於男木島交流所旁有出租區,不過建議只有在前往海水浴場與男木島燈塔時才需要租借,因為整個小村依山而建,自行車也無用武之地。若腳力尚可,男木島以步行方式即可遊完一圈,最遠的男木島燈塔,距離港口不過一‧七公里,不妨漫步來回。

營業時間／09:30 ～ 17:00
費用／3 小時 500 日圓,每延長一小時追加100 日圓
押金／3000 日圓

## 最佳住宿與餐廳推薦

一個只有一百八十人的小島,雖沒有大型旅館,但仍有幾間小型民宿兼餐廳努力地營運著,由於男木島住宅依山而建,山城蜿蜒的小路如同九份,拖著行李在小坡道或樓梯行進不方便,因此如要住宿,不建議攜帶大型行李前往。可以先將大型行李留在高松車站、飯店,或男木交流館旁的寄物櫃。

此外,男木島上超過一半人口是六十五歲以上的老先生老太太,如需住宿或用餐,請務必先以電話或網站與店家聯絡,完成預定後請務必準時抵達,別讓老人家不開心。

Madoka 小圓民宿食事處的老闆夫婦。

Madoka 小圓民宿食事處的章魚天婦羅定食。

🏠 漁師宿－櫻花民宿
（漁師 yado －民宿 さくら）
已六十多歲的民宿主人大江先生是當地漁夫，
開設料理店之餘也提供民宿服務。女主人的手
藝了得，自豪的菜色是每日新鮮漁獲料理、章
魚飯，以及自家種植的無農藥野菜。雖然是古
民家，但房間與環境均乾淨清爽，即便是女子
一人入住，也能覺得安心自在。此外民宿提供
捕魚體驗，主要是穿著青蛙裝跟大江先生去抓
陶壺裡的章魚，活動相當有趣。如果是專業釣
手，亦可跟著大江先生出海夜釣，無光害的男
木島周圍海域，能提供有別於台灣船釣的異國
感受。

價格／1 泊 2 食 6000 日圓起
住宿含早餐 4000 日圓起
午餐 1620 日圓起（11:00 ～ 13:00 提供）
夜釣與補章魚活動體驗須洽詢民宿主人
地址／香川縣高松市男木町 1 番地（男木港步
行約 5 分鐘）
電話／087-873-0515、090-7625-3159
網址／takoyado.jimdo.com

🏠 Madoka 小圓民宿食事處
（民宿 お食事処 まどか）
　強力推薦招牌餐——章魚天婦羅定食（蛸の
天ぷら定食），雖然菜色不算豪華，但天婦
羅炸得清爽鬆脆，章魚肉質綿密紮實，值得一
試。不過並非每天都有章魚天婦羅定食，有時
主食是紅燒魚，也非常美味。老闆與老闆娘人
很親切，也愛與客人合照，如果覺得餐點好
吃，請當面給老闆夫婦一個讚喔！

價格／1 泊 2 食 7000 日圓起
住宿含早餐 5500 日圓起
住宿含晚餐 6500 日圓起
章魚天婦羅定食 1000 日圓起（須在兩天前預約）
地址／香川縣高松市男木町 1925-2
電話／087-873-0703、090-8284-5503
網址／ogi-madoka.jimdo.com

男木島寄物處資訊
地點／男木交流館右側
費用／每次 300 日圓
營業時間／08:30 ～ 17:00

# $\text{Classic}$ 經典男木島

## 九份般的山城散策

渡輪尚未靠岸，我站在船頭，迎面而來像是九份般的小山城。視線所及、滿山的小平房，已是男木島上住家的全部。這山城並非峻山危谷中的寨子，而是一方寧靜柔軟的小漁村，安靜卻不悲情。仔細想來，不曾繁華過的男木島，與其說像九份，可能像人車較少的猴硐更多些。山城小村在島嶼南側，島上幾乎所有食衣住行都在小村中完成，最遠的景點在北邊的燈塔，一路步行只要半小時。幾乎所有的瀨戶內國際藝術祭作品，都隱藏在山城巷弄與民居之間，作品雖然不像直島、豐島那麼鮮明熱鬧，卻以暖暖內含光的方式，吸引旅人在此徒步玩味。

## ♣ 男木島第一地標

作品名稱／男木島之魂（男木島の魂、男木交流館）

創作者／Jaume Plensa（西班牙）

從男木港登岸，離開候船室，便能看到這棟彷彿純白蕾絲般的美麗作品「男木島之魂」，據說建築費用高達一億五千萬日圓，由西班牙藝術家 Jaume Plensa 所創作。最大特色就在屋頂，以世界各國不同語言、字母所組成的鏤空設計。隨着陽光的變化，文字倒影會浮現於地板，不論從哪個角度觀看，都有不同光影感受。當作品周邊的地面注滿水時，文字倒影與水面倒影同時出現，更為漂亮！

這棟建築物同時也作為男木交流館使用，內有旅遊資訊與紀念品銷售等服務（廁所也非常乾淨），我在這裡買了很多男木島圖騰的圓形小胸針，色彩繽紛、圖樣可愛，相當討喜。

地址／香川縣高松市男木町 1986
門票／免費
開放時間／06:30 ～ 17:00

### 虛實交錯高手 Jaume Plensa

以各國文字交織成藝術品的鏤空特色，正是西班牙藝術家 Jaume Plensa 的一貫風格。最知名的作品便是位於加拿大 The Bow 摩天大樓廣場前的白色鏤空頭顱，另一代表作品是芝加哥千禧公園的「The Crown Fountain」，以 LED 燈光呈現一千名芝加哥市民的臉部表情，產生視覺上的奇趣效果。

真壁陸二的作品「巷弄壁畫」。

谷口智子的作品「Organ」。

## ♣ 轉角的驚喜

作品名稱／巷弄壁畫（路地壁画プロジェクト wallalley）
創作者／眞壁陸二

作品名稱／ Organ（オルガン）
創作者／谷口智子

「wallalley」是 wall（牆）allery 與（巷弄）的複合字，雖是牆面彩繪，但並非有形畫作，藝術家真壁陸二利用幾戶民宅的燒杉板牆面，以不同鮮豔色彩，創作出拼接般的彩繪藝術，讓小巷弄的迷路探索，成為一種活潑的行動樂趣。

在穿村走巷時，除了不時遇見的路地壁畫，谷口智子的作品「Organ」，隨著穿梭在民居間的藍白水管，忽而消失，忽而探頭，但只要跟着水管走，總能透過水管盡頭的望遠鏡，看到漂亮的風景。

地址／高松市男木町
門票／免費
開放時間／戶外展示作品，全年無休

## 🍀 總有一天會抵達吧

作品名稱／走路的方舟（歩く方舟）
創作者／山口啟介

　　與「男木島之魂」同為男木島代表作品，距離男木港約需步行十五至二十分鐘，沿海岸公路走去，幾乎遇不到人，倒是不少貓咪像隨扈般簇擁，陪著遊客行進。位於消波塊盡頭上的作品，乍看以為是好幾個香菇人，仔細一看卻是群頂著方舟前進的人。作品主要傳達聖經《舊約》裡諾亞方舟的意象，而白底藍紋的船身，象徵天空與海洋，人們就這樣步行著，越過天、地、海，把祝福送往方舟朝向的遠方——日本東北，也希望人們有一天能抵達理想中的國度。

地址／香川縣高松市男木町
門票／免費
開放時間／戶外展示作品，全年無休

## ♣ 漫山的彩色小推車

作品名稱／Onba Factory（オンバ・ファクトリー）
創作者／大島義史

　　總說「最美麗的風景是人」，走在男木島，我最喜歡看的就是阿婆！由於男木島居民幾乎全為老人家，加上山村坡道多，老人家們拿着很重的東西在陡斜的山坡行走極為不便，因此這些阿婆們非常依賴 Onba 手推車（乳母車，Onba 為男木島方言）當做運輸小幫手。在地藝術家大島義史特別打造 Onba Factory，為老人家們個別彩繪 Onba，山村內隨處可見大島先生的作品，有八爪章魚、貓咪、蔬菜、向日葵、水仙花等圖案，由於村民會向大島先生提出各種 Onba 需求，所以每部 Onba 都代表著每戶村民的個性。

　每逢週末，男木港邊會有小型市集，各戶人家將捕到的魚、種出的菜或自製食品出售。此時，村民都會推着自家的或七彩繽紛 Onba 前來市集，讓男木島上的視覺更加綺麗繽紛。

　大島先生的 Onba Factory 同時也是食堂，提供簡餐料理與咖啡，消費可抵入場門票三百日圓，還能免費參觀各式各樣的造型 Onba。Onba Factory 平時免費幫居民彩繪，外地人也可付費購買 Onba 帶回家。

地址／香川縣高松市男木町 216
門票／300 日圓
開放時間／週六、日 11:00 ～ 16:30

## 被貓圍繞的幸福與蒼涼

　　日本有很多小島被稱做「貓島」，知名貓島中約有一半位於瀨戶內海，男木島是其中一座，也是貓比人多的小島。但與其他觀光貓島不同，雖曾因知名貓咪攝影師岩合光昭加持，但男木島終究未因這些喵星人而吸引大量觀光客造訪。

　　男木島的貓咪軍團不會出現在人多的男木交流所附近，但只要一走進村莊或往「移動的方舟」走去，跟上來的貓咪可不是三五成群，而是三、五十隻，被這些喵星人團團包圍時，完全能享受「眾星拱月」的幸福感。可能知道有人就可能有食物，貓咪們緊跟在後，不時還往身上磨蹭，實在是很盡責的「伴遊者」。但我第一次登島時沒有攜帶任何貓咪可吃的食物，也無店家可買飼料，實在內疚不已，除了摸摸他們拍拍照，對他們的飢餓狀態，也愛莫能助。

　　不似知名貓島有愛貓人士協助管理，像是設置飼料箱、獸醫定期登島、將貓咪造冊編制等措施，男木島的貓咪們幾乎採野放狀態，島民偶爾餵食，其餘時間任由他們自然生老病死──雖是共生，但老貓加上老人，不免也讓人感到些許蒼涼。

　　但好在日本是個愛貓的民族，雖然男木島的貓咪無人管理，但也沒人會去捉弄甚至虐待貓兒。

　　如果可以，登島前不妨在高松先買好飼料上島餵食，但切記不要餵太多，且盡量平均分配並收拾乾淨，以免貓兒腸胃不適。

# 二〇一六瀨戶內國際藝術祭參展藝術家介紹

## 林珉旭（韓國）

### 二〇一六作品預定於夏會期展出

林珉旭（Minouk Lim）是韓國女性藝術家，作品主要表達對於韓國政治與社會議題的想法，擅於緊扣在地歷史。例如在二〇一四年「光州雙年展」中，她與當年光州事件罹難者家屬，花費近一年時間共同完成「導航 ID」（Navigation ID），是當年光州雙年展的揭幕作品，以公開喪禮的形式為受難家屬發聲。而第一次參加瀨戶內國際藝術祭的林珉旭，會如何銜接韓國與男木島的共同元素？非常令人注目。

## 大岩奧斯卡（巴西）

### 二〇一六預定作品－房間中的房間（部屋の中の部屋）

大岩奧斯卡（大岩オスカール）出生於巴西聖保羅，是第二代日裔巴西人，也是男木島藝術團體「昭和四〇年會」成員。曾在二〇一〇年參展，但當年展出的個人巨幅畫作「大岩島」在舊公民館展出時被大火燒毀，因此我前往男木島的兩次都未能看到他的作品。二〇一六年他捲土重來，依舊選擇在閒置的古民家展出，相信這次有機會能親見他的創作。

## 林天苗（中國）

中國女性藝術家，林天苗最初以家庭或日常物品為表現方式，表現出對女性生活和瑣事雜物的反思。最為知名的作品是一九九五年展出的「纏的擴散」，以冗長的白線麻繩糾纏捆繞，讓人聯想現實生活中的女性，總被各種繁瑣家務所累。雖然是第一次參加瀨戶內國際藝術祭，但林天苗曾於二〇一四年參加同樣由北川富朗先生策展的日本「中房總國際藝術祭」，作品為「他？她？還是其他？」，運用了市川學校內的教具，並以合成樹脂製作出各種人骨造型。同樣的作品概念會於二〇一六年瀨戶內國際藝術祭再次表現，並增加更多男木島在地元素，同樣於閒置古民家展出。

## Regina Silveira（巴西）

二〇〇六年台北市立美術館的外牆曾有段時間布滿了許多黑色腳印，那可是國際知名的巴西女藝術家 Regina Silveira 為當年台北雙年展量身訂作的作品「入侵系列——冒險故事」。七十多歲的 Regina Silveira，作品曾在多國重要美術館展出，並獲永久收藏，是巴西頗負聲望的藝術家。創作主要都與建築物的意義顛覆有關，只要看到國際知名建築物上有人或動物足跡，泰半是她的作品。本屆她在男木島的作品「藍天之夢」（青空を夢見て），同樣將男木島中小學的體育館外牆打造成一片青空色彩，如同男木島的海天一色。

# Do or Don't
## 注意事項

1. 男木島上沒有便利商店或雜貨店，如果不住宿，小至面紙生理用品、大至藥物食物飲水，請務必自行攜帶。

2. 餐廳方面，藝術祭期間有人多爆滿問題，非藝術祭期間則有很多店家不營業，若要臨時尋找用餐之處，得大費周章。建議先向餐廳或民宿訂好餐食，或自己攜帶食物與飲水。

3. 男木島雖然貓咪眾多，但幾乎都是流浪貓，由於無人管理，部分貓兒的健康與乾淨程度並不算良好，如有疑慮，建議遠觀即可，避免擁抱或撫摸貓咪。可從高松購買乾貓糧餵食，但不要餵人類吃剩的餐食，以免造成環境污染。

Explore
探索男木島

男木島燈塔

N

走路的方舟

男木小學

Onba Factory
巷弄壁畫
郵局

益與他的夢中朋友們

男木島之魂、男木交流館

男木島漁協

开
加茂神社

# 真正的鬼島——
# 女木島

相傳當年桃太郎與他的夥伴們從岡山搭船出發，
到女木島上打鬼，受此傳説影響，島上多數景點
都與桃太郎要打的惡鬼相關，所以女木島很久以
前就被叫做「鬼島」，就連政府觀光單位也都宣
傳女木島才是名符其實的正牌「鬼島」。

# About 女木島

　　雖然女木島沒有真正的惡鬼，但在非藝術祭期間還真有「人何寥落鬼何多」的錯覺，且女木島比男木島人口更少、居民年紀更大、光景自然也更加蒼涼。或許因為是瀨戶內海所有島嶼中，距離香川縣高松港最近的一座，在各方面都非常依賴高松市，加上島內山多平地少，幾乎無法自成一個小型經濟體。即便有瀨戶內國際藝術祭加持，但第二屆的到訪人數卻比第一屆整整少了一半。二〇一六年會新增較多與女木島關係更為密切的作品，且邀請到村上隆弟子所組成的新銳藝術團隊「CHAOS ＊ LOUNGE」及其他國際級藝術大師，希望能吸引更多年輕人到女木島一遊。

　　但即便女木島人口稀少，歷年來在藝術作品上的特色也不大，但先天的觀光條件極好，不但是瀨戶內海所有島嶼中距離高松港最近的島嶼，島上也有唯一能三百六十度全景瞭望瀨戶內海的展望台，而「鬼島」傳說也讓許多遊客想來一探究竟，仍是瀨戶內國際藝術祭跳島時不可錯過的一站。

## 從數字看女木島

# 175人

女木島的人口比男木島更少，只有大約一百七十五人，面積雖較男木島大，但多數是丘陵山區。

# 68歲

女木島人口平均年齡為六十八歲，年紀最大的長者為九十八歲，全島六十歲以上人口共有一百三十人，亦佔女木島總人口一半以上，老化程度較男木島更高。

# 2.62 km²

女木島面積比男木島剛好大上一倍，為二點六二平方公里，約等同台灣一個明德水庫的大小。

# 8 km

女木島是瀨戶內海所有島嶼中，距離香川縣高松港最近的島嶼，只有八公里的距離。

# 360度

位於鬼島大洞窟山頂的「鷲峰展望台」（鷲ヶ峰展望台），是瀨戶內海唯一能夠以三百六十度全景環視瀨戶內海的展望台。

# 400 m

長達四百公尺的鬼島大洞窟，約與金門翟山坑道一般大，雖為人工挖掘（早期海盜躲藏處），但巨大的洞穴賦予人們無限的想像空間，間接造就「鬼島」傳說。

# 2,000株

女木島上有超過兩千棵櫻花樹，與水仙花最多的男木島，並稱為「繁花盛開之雌雄島」。

# Before 行前規劃

## 最佳造訪時間

女木島上種有超過兩千棵櫻花樹，春季造訪可見難得的粉紅海島美景。此外因海水浴場為日本百大之一，所以夏天也是觀光旺季。

## 島內觀光分區

主要分為港口區、大洞窟區與西浦區，大部分藝術品均集中在女木島港口與港口村落中，但大洞窟區的「鬼島大洞窟」與「鷲峰展望台」最為知名，不容錯過。

## 最適交通工具

前往女木島，同樣只能從高松港出發，搭乘「雌雄島海運」，到女木島跟男木島是同一班船，去程會先至女木島再至男木島，回程則由男木島出發經女木島後返回高松。

🏠 雌雄島海運時刻表（高松市觀光局）
自高松港出發航行二十分鐘後可抵達女木島，每日船班不多，請務必確認班次時間前往。

網址／www.city.takamatsu.kagawa.jp/2108.html

### ▍女木島島內交通方式

#### 鬼島觀光巴士與自行車

女木島雖然不大，但靠步行前往各景點仍有些許吃力，尤其前往大洞窟與鷲峰展望台，沿路都是上坡。還好島上有觀光巴士，很值得特別介紹，這部鬼島觀光巴士是用很古老的公車車款改裝的，雖復古卻不陳舊，像回憶中童年時期校外教學所搭乘的巴士，推薦一試。目前有三輛鬼島巴士交替運行，而這三輛巴士所屬的交通公司，也是全日本最小的「鬼島巴士交通公司」。運行的線路只有一條，就是棧橋（港口）到大洞窟。藝術祭期間每小時一班、非藝術祭期間兩小時一班，

其他代步工具就是自行車，於鬼島之館有出租區，如果要上大洞窟與展望台，強烈建議租賃電動自行車。

鬼島之館服務項目
鬼島觀光巴士票券販售／單程 300 日圓、來回票 600 日圓
電動自行車租金／3 小時 500 日圓，每延長一小時追加 100 日圓（押金 3000 日圓）
鬼島之館營業時間／08:20 ～ 17:20
寄物櫃／每次 100 日圓，營業時間 08:20 ～ 17:20

## 住宿、餐廳與購物地點資訊

由於女木島距離高松實在太近了，除非錯過最後船班，否則遊客幾乎不會選擇在女木島留宿。但由於女木島的「鬼島海水浴場」非常知名，曾入選為「百大快樂海水百選」（日本快水浴場百選），因此夏季期間仍有有不少遊客選擇在島上住宿。

### ▌民宿

⌂ 龍宮（提供輕食・住宿）
女木島上唯一全年開放的民宿與餐廳。
地址／高松市女木町 453
電話／ 087-873-0205

⌂ 鬼島莊（鬼ヶ島莊，提供輕食與住宿）
地址／高松市女木町 235-5
電話／ 087-873-0343

⌂ 御食事處高砂（御食事処たかさご，提供輕食與住宿）
地址／高松市女木町 235-15
電話／ 087-851-6861

### ▌餐廳

⌂ 鬼的廚房福（鬼の台所福）
推薦料理／使用女木島在地食材與自家製作的「赤鬼烏龍麵」
地址／高松市女木町 62-1
營業時間／ 10:30 ～ 14:45（週三公休），請務必先行預約
電話／ 087-874-5557

⌂ 鬼旬（きしゅん）
推薦料理／以島上新鮮蔬菜與漁獲製作的午餐定食，有 1000 與 2000 日圓兩種價格。
住所／高松市女木町 149-1
營業時間／ 11:30 ～ 14:00
電話／ 087-873-0880

### ▌購物

⌂ JA 香川縣女木島出張所（JA 香川縣女木島出張所）
島上唯一販賣日用品的店家。

地址／高松市女木町 11
電話／ 087-873-0203
營業時間／ 09:00 ～ 16:00 時；週六、日與國定假日公休

⌂ 古意小雜貨店──藤井商店
位於大洞窟入口，經營已有半世紀，販賣簡單的零食、飲料與土產。一盤一百日圓的葛粉糯米糰子非常好吃，吃完就能跟桃太郎一起進洞窟打鬼囉！

住所／高松市女木町 135
電話／ 087-873-0772
營業時間／ 08:30 ～ 17:00（不定時公休）

# Classic 經典女木島

## 港口區

女木島上的作品大都陳列在女木港與港口村落為主的主展區，範圍不大，步行或單車均可輕鬆完成參訪。建議多利用港口所在的「鬼島之所」，包括候船、吃喝、購票、寄物、觀光諮詢、單車租借等，均可在此完成。

### 一字排開的海鷗風見雞

作品名稱／海鷗停車場（カモメの駐車場）
創作者／木村崇人

原是海港恆常風景的海鷗，化身為藝術作品，且被賦予了「風見雞」的功能，三百隻海鷗立牌在港邊堤防上一字排開，迎風轉動時還會發出海鷗叫聲，像是列隊歡迎遊客。在此觀賞作品，忍不住哼起台語老歌〈快樂的出帆〉，不時有真鳥穿插其中，真真假假，都是女孩們自拍時的最佳背景。

地點／高松市女木町
門票與開放時間／屋外展示作品，免費參觀，全年無休

### 自動唱歌的鬼盜船

作品名稱／二十世紀的回想（20世紀の回想）
創作者／禿鷹墳上

來自中國上海的藝術家「禿鷹墳上」，將一部會自動演奏音樂的鋼琴上裝飾了四根帆桅，鋼琴聲搭配海浪聲，很多人都說呈現的是「大航海時代」的回想──但無論作者本意為何，都成功吸引了遊客目光。

地點／高松市女木町
門票與開放時間／屋外展示作品，免費參觀，全年無休

MECON
Photo:Osamu Watanabe

地址／香川縣高松市舊女木小學校
門票／510 日圓
開放時間／週六、日 10:40 ～ 16:30

 ## 生命之起源

作品名稱／女根（女根／めこん）
創作者／大竹伸朗

　我說了好幾次非常喜歡大竹伸朗的作品！這件作品名為「女根」，意義應該相當明確，但我在作品現場完全看不出哪個部分像是女性器官，但現場呈現的生命力無庸置疑。白天看來已是五彩繽紛的創作，到了晚上以鮮豔吸睛的霓虹燈管加持，更顯斑斕奪目。茫茫塵世中的浮花浪蕊，張揚強烈的感官刺激，表達的是生命的源頭，而非情慾之目的。

## 枯山水上的神祕腳印

作品名稱／不在的存在（不在の存在）
創作者／ Leandro Erlich（阿根廷）

　這件作品位在女木島「市中心」唯一的小村民宅內，也靠近港口。作品分為兩部分，分別是會自動出現腳印的碎石子枯山水，與另一個會出現特殊反射裝置的空間，不過比起這兩個作品，作品所在地的圖書館與咖啡廳更令我感興趣。

地址／香川縣高松市女木町 185
門票／300 日圓
開放時間／週六、日 10:40 ～ 16:30
咖啡廳營業時間／ 11:00 ～ 16:30（作品禁止拍攝，因此僅拍攝外觀與圖書館部分）

## 大洞窟區

### 恐怖？不恐怖？鬼島大洞窟

「鬼島大洞窟」自然就是鬼島傳說的發源地，大洞窟頂剛好是鷲峰頂，能夠三百六十度全景環視瀨戶內海，易守難攻，被海盜們認為是極佳的據點，既適合躲藏又便於瞭望。但原本的洞窟並不大，海盜們為了壯大巢穴，便以人工方式將小洞窟挖掘成大洞窟，並打造一條直上峰頂的便道，還能承接雨水與地下水。整座山均為花崗岩石，冬暖夏涼，與金門的坑道有異曲同工之妙，因此女木島有很長一段時間被海盜占據，對其他島嶼及瀨戶內海周遭不明究理的居民而言，女木島就像被鬼霸佔一般恐怖，因此「鬼島等於女木島」對日本人來說，已是非常根深蒂固的說法。

撇開瀨戶內國際藝術祭不談，「鬼島大洞窟」一直都是觀光景點，但看得出設施已有相當年份，特別是這些惡鬼雕像，很像台灣早期公園裡都會有的龍虎或八仙之類的巨型水泥塑像，當初女木島也為了觀光製作了類似的設計，現在看來已有些過時了。每處惡鬼雕像都敘述著一部分的故事與設施，例如洞口就是看門的小鬼，洞窟「初極狹、才通人，復行數十步，豁然開朗」，洞裡的惡鬼或在開會、或數錢分贓、或看守獵物……讓洞窟之旅走起來像是小學生的校外教學般，帶點回憶中的童趣。桃太郎打鬼的故事，我以為最後應該是以桃太郎消滅惡鬼做結尾，但從雕像來看，好像是桃太郎跟惡鬼們成為了好朋友，臨別時惡鬼還依依不捨地跟桃太郎道再見，這結局也太溫馨了！

對了，出洞口時，請務必回頭向上望一下天然地理教室——玄武岩的柱狀節理，與澎湖群島同樣都為火山熔岩內的玄武岩質流出冷凝後形成，是大自然的鬼斧神工之作。

### ♣ 小鬼滿屋？

作品名稱／鬼瓦群像（オニノコ 瓦プロジェクト）
創作者／鬼瓦工作室（オニノコ プロダクション）

　　鬼瓦原本就是香川縣的名物，又稱「讚歧裝飾瓦」，主要用於裝飾屋頂，但一般住家的鬼瓦並不會做成這樣具象的面具，這裡是為了呼應鬼島大洞窟的氛圍，特別使用鬼瓦素材來製作成鬼瓦面具，並由傳統工藝士神內俊二領軍，率領全香川縣約三千名中學生共同完成。雖然整個洞窟裡都是這樣的鬼瓦面具，加深了不少地獄的肅殺感，但由於原本的 Q 版惡鬼雕像仍在原處，兩種風格在洞窟內交織出衝突的趣味。

地址／香川縣高松市女木町
門票／500 圓／人
開放時間／08:30 ～ 17:00

### 全景瞭望瀨戶內海──鷲峰展望台

　　從鬼島大洞窟出來後往上步行約十分鐘，即可抵達女木島知名的瞭望點──鷲峰展望台，雖然只有一百八十六公尺高，並非女木島最高點，但位置絕佳，可三百六十度全覽瀨戶內海，頗有一當海賊之快感。

地點／鬼島大洞窟出口按指示往上步行即可抵達
門票／免費
開放時間／戶外開放空間全年無休，但不建議夜間前往

# 二〇一六瀨戶內國際藝術祭參展藝術家介紹

## Navin Rawanchaikul（泰國）

### 展出地點／西浦漁港周邊

　　Navin Rawanchaikul 是出生在泰國的印度人，作品風格既有寶萊塢的熱鬧元素，更有泰國的樂天風情，他的作品彷彿配備了背景音樂，讓觀賞者腦內自動出現繞樑音，不是印度風的「嘟嘟嚕嘟答答答」，就是泰式 Khon 舞樂，明明是靜態的繪畫，卻像電影或動畫般，極具動態感。Navin Rawanchaikul 最受國際矚目的作品之一，就是他在泰國的計程車內所經營的流動畫廊，除了展示自己的作品，也邀請不同的藝術家在計程車內規畫自己的展覽，讓乘客在美術館之外，也能有體驗藝術的機會。二〇一六年將在西浦地區展出作品「西浦之家」，以女木島在地住民群像為本，呈現出動畫般的靜態創作。

## CHAOS ＊ LOUNGE

### 展出地點／大洞窟

　　由藤城嘘、黑瀨陽平、梅澤和木組成的數位藝術團體 CHAOS ＊ LOUNGE（カオス・ラウンジ），作品以開放式與次文化（動漫族）的創作塗鴉為主，曾來台參展。作品評價好壞不一，但讓他們聲名大噪的，是藝術大師村上隆的支持，近幾年 CHAOS ＊ LOUNGE 的創作展，策展人均為村上隆，外界甚至以「大師與弟子」的稱謂來看待他們的關係。該團體不被日本正規藝術界承認，認為是「進不了美術館展覽的水平」，但另一派藝術家也反思，是否一定要高等美術教育所培養出來的藝術家，其創作品才叫做「藝術」？動漫為何不能成為藝術品創作？這種種的衝突與思考，目前沒有正確答案，但平凡遊客如我們，不妨從他們今年度在大洞窟內的作品「鬼之家」來直覺感受，是不是藝術，答案就在每個人心中。

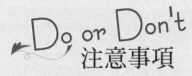

## Do or Don't 注意事項

1. 女木島上雖有小型雜貨店，但週六、日不營業，隨身物品與日用品請務必自行攜帶。
2. 餐廳方面與男木島相同，藝術祭期間有人多爆滿問題，非藝術祭期間很多店家不營業，建議先向餐廳或民宿訂好餐食，或自己攜帶食物與飲水。
3. 從港口至鬼島大洞窟，建議搭乘觀光巴士或沿巴士道路步行，雖有去過的遊客建議走小山路，但我實際走過後發現，若無當地熟人帶領，沿途草長樹多仍不算安全，切勿獨行。

野營場

鬼島大洞窟、
鬼瓦群像

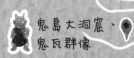

Explore
探索女木島

西浦漁港

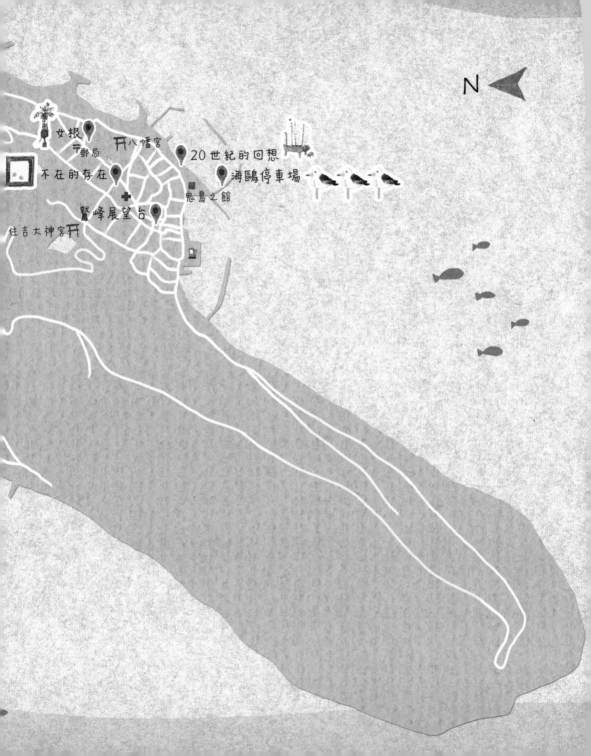

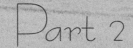

# Part 2
# 享受豐碩大地之美，
# 新潟越後妻有藝術旅行

恰似普魯斯特《追憶似水年華》的場景畫面，
那最精華的記憶，
在剛收割後的金黃稻草芬芳裡，
在廢校幽閉空間的潮溼氣息裡，
在樹林間濡濕草地的泥土味裡，
在雪室令人自醉的新釀酒香裡……
在新潟越後妻有每一個地方，
若是曾被眾人視為無用而加以摒棄的事物
又重新被發掘，
那是過去歲月的再現，
是它的精粹。

# 腳踏實地的大地之旅

新潟「越後妻有」是日本典型的農村地區，農業為越後妻有帶來光輝的日子，戰後區內人口一度上升。但隨著工業化和經濟轉型，昔日熱鬧的農村，如今也只剩古稀老人和小孩，處處是空屋廢校，成為有著嚴重人口外移、高齡化現象的農村社會。

自二○○○年大地藝術祭開始於越後妻有地區舉行後，十五年來不但為新潟帶來許多觀光客，更成為全世界最大國際戶外藝術節。以里山為背景，來自世界各地的藝術家創作了超過兩百件作品，點綴在田間、農舍、廢校之間，讓原本豐饒但人跡罕至的阡陌鄉間，有了更多人氣。

比起近年來火紅的瀨戶內國際藝術祭，越後妻有大地藝術祭同樣為知名策展人北川富朗所策劃，但時間更足足早了十年，雖說兩地距離甚遠，且一山一海、一北一南，但大地藝術祭的策展經驗與養分，讓瀨戶內國際藝術祭縮短不少摸索期。更透過旅遊宣傳，拉近了藝術與人們的距離，讓藝術不再只是冷冰冰的美術館展品。

越後妻有大地藝術祭以農田為舞台、藝術做橋樑，將人與大自然之間的關係作緊密連結。透過藝術的力量、當地居民的智慧及社區的資源，振興日漸凋敝、人口外流的越後妻有地區。雖然大地藝術祭每三年才舉辦一次，但要欣賞這些融入自然的藝術作品，卻不一定得等到舉辦年才能前往，因為許多精采作品均為常設展品，始終在那兒等候旅人們來訪。

記得第一次前往新潟大地藝術祭，我在抵達前曾心中忖度，秋天的越後妻有會是什麼樣的農村景象？結果，在一片豐收的風景中，我不但遇見金黃稻浪與打穀農忙，還尋得處處繽紛精采的藝術創作，那是農村的豐碩滋味，更是大地的醍醐味。

有些人認為到農村就是要體會原始農村魅力，又認為自己看不懂藝術，對藝術展覽敬而遠之——其實，這就是因為長年以來，許多藝術作品都只放在美術館，或是少數資產階級的獨享物，久而久之與多數人產生了距離。但「大地藝術祭」正好相反，藝術家不是重點，農民和土地才是主角，參展藝術家必須幫助當地居民以藝術的方式來展現當地生活。除了活絡老化的農村，更大的意義是讓大多數人都能無負擔地親近藝術。

前往越後妻有大地藝術祭，就是深入日本農村，不須盛裝華服地參與，只須打開感官走入它，時間與大自然會給你答案。

# 給第一次前往越後妻有大地藝術祭的人

越後妻有地區幅員遼闊，行程若要兼具效率與自由度，可依本表行程為基礎，再依個人需求做調整。

注意事項：

本表行程建議由東京前往並由抵達十日町市開始，請依個人班機時間與住宿地點提前抵達東京，再依本書交通方式搭乘新幹線轉車至新潟十日町市。建議住宿地點以十日町市區為主，如住宿其他地區，行程時間請自行調整。

自行車路線可以租車或計程車替代，藝術祭期間有藝術祭巴士可搭乘。

因越後妻有地區幅員廣大，受限於交通工具及每人騎乘自行車能力不同，本表僅針對地域做上下午行程規劃，不列細部行程。

## 越後妻有大地藝術季＋新潟五日

| 時間 | 行程內容 | 備註 |
|---|---|---|
| **■ Day1** | | |
| 08:50 | 從東京搭乘上越新幹線至越後湯澤站，轉北越急行 Hokuhoku 線（北越急行ほくほく線） | 所有列車交通時刻，以官方公布為準 |
| 11:20 | 抵達十日町站 | |
| 11:20～12:00 | 抵達十日町站西口，到觀光諮詢所收集相關資訊。出站後先行租借自行車 | |
| 12:00～13:00 | 十日町市區用餐 | |
| 13:00～15:00 | 騎乘自行車至川西地區參觀作品及沿途風光 | |
| 16:00～17:00 | 參觀「越後妻有現代美術館」 | |
| 17:00～19:00 | 於美術館內「明石之湯」享受溫泉療癒 | 可於美術館旁特產超市購買越光米 |
| 19:00～20:30 | 十日町市區用餐 | |
| **■ Day2** | | |
| 上午 | 參觀松代地區＆農舞台的周遭作品 | 搭乘北越急行 Hokuhoku 線至松代站後，租自行車代步 |
| 中午 | 於農舞台用餐 | |
| 下午 | 參觀松之山地區作品 | |

| 時間 | 行程內容 | 備註 |
|------|---------|------|

## ▋ Day3

| 時間 | 行程內容 | 備註 |
|------|---------|------|
| 上午 | 參觀津南地區作品 | 本表所列出的電車站，不一定是距離景點最近的車站，乃以是否有自行車出租服務為選站考量。如果不租借自行車，請改以距離景點最近的車站進出 |
| 中午 | 於津南町用餐 | |
| 下午 | 參觀中里地區作品 | 至津南站還車後，搭乘飯山線回十日町 |

## ▋ Day4

| 時間 | 行程內容 | 備註 |
|------|---------|------|
| 上午 | 參觀八海山雪藏酒造 | 搭乘北越急行 Hokuhoku 線至魚沼丘陵站，轉搭計程車至八海山雪藏酒造（約七公里路程） |
| | 前往五日町 | 乘計程車至上越線五日町站<br>搭 JR 至浦佐站轉上越新幹線至新潟站 |
| 中午 | 於新潟市區用餐 | |
| 下午 | 舊齋藤家別邸──古町藝妓之舞 | 固定於 14:00 ～ 15:30 演出（每日二場） |
| | 古町散策 | |
| 晚上 | 於萬代區用餐購物、萬代橋夜景 | |

## ▋ Day5

| 時間 | 行程內容 | 備註 |
|------|---------|------|
| 上午 | 於峰村味噌釀造場 or 新潟蔦屋系列書店、文具店購物 | |
| 中午 | 新潟市區用餐 | |
| 14:05 | 新潟車站搭乘上越新幹線返回東京 | |

# 越後妻有大地藝術季＋佐渡島＋新潟五日

| 時間 | 行程內容 | 備註 |
|---|---|---|
| **■ Day1** | | |
| 08:50 | 搭乘上越新幹線，轉北越急行 Hokuhoku 線 | |
| 11:20 | 抵達十日町市松代站 | 實際時刻表以北越急行公布為準 |
| 11:30 ～ 14:50 | 農舞台用餐＆作品參觀 | |
| 15:03 | 搭乘北越急行 Hokuhoku 線至十日町站 | |
| 15:15 ～ 17:00 | 參觀越後妻有現代美術館 | |
| 17:00 ～ 19:00 | 於美術館內「明石之湯」享受溫泉療癒 | |
| 19:00 ～ 20:30 | 十日町市區用餐 | |
| **■ DAY2** | | |
| 上午 | 參觀八海山雪藏酒造 | 搭乘北越急行 Hokuhoku 線至魚沼丘陵站，轉搭計程車至八海山雪藏酒造（約七公里路程） |
| | 前往五日町 | 回程搭乘計程車至上越線五日町站，搭乘 JR 至浦佐站轉上越新幹線至新潟站 |
| 12:30 | 於新潟市區用餐 | |
| | 新潟市區逛街購物 | |
| 16:00 | 搭乘大型渡輪前往佐渡兩津港 | 請務必提前三十分鐘至新潟港口取票人港，票價最低單程二千二百五十日圓（實際價格以汽船公司公布為準） |
| 18:30 | 抵達佐渡島兩津港，於飯店用晚餐 | 請提前與飯店預約接駁與晚餐事宜 |
| **■ Day3** | | |
| 上午 | 體驗砂金、盆舟及太鼓活動 | |
| 中午 | 於花の木古民餐廳用餐 | 需要預約 |
| 下午 | 「宿根木」集落尋幽 | |
| 16:05 | 至兩津港搭乘渡輪返新潟 | |
| 18:35 | 抵達新潟 | |
| 晚上 | 逛逛新潟市區 | |

| 時間 | 行程內容 | 備註 |
|---|---|---|
| **▌Day4** | | |
| 上午 | 新潟古蹟小旅行：走訪新潟縣政紀念館、白山公園、歷史博物館等 | |
| 中午 | 新潟市區用餐 | |
| 下午 | 舊齋藤家別邸──古町藝伎之舞 | 固定於 14:00 ～ 15:30 演出（每日二場） |
| | 古町散策 | |
| 晚上 | 萬代區用餐購物、萬代橋夜景 | |
| **▌Day5** | | |
| 上午 | 峰村味噌釀造場 or 新潟蔦屋系列書店、文具店 | |
| 中午 | 新潟市區用餐 | |
| 14:05 | 至新潟車站，搭乘上越新幹線返回東京 | |

# About 關於新潟&越後妻有

「穿過縣境長長的隧道，便是雪國。」這是川端康成小說《雪國》著名的開場白，指的就是古稱「越後國」的新潟縣。因為臨日本海（裡日本），冬季來自西伯利亞的高氣壓夾帶日本海水氣直撲而來，降雪量驚人，為日本著名的豪雪地帶。

雖然是雪國，但位於下越地區、信濃川出海口的新潟市，十七世紀時就已是商貿繁盛的港都，明治維新後，新潟港作為「日美修好通商條約」的五個自由港之一，且臨日本海側，重要性更是大大提高，並因此與關東地區，特別是東京之間的關係更上層樓。當時的新潟市與新潟港身為海運交通樞紐，往來人潮與高度經濟活動，構成一幅黃金璀璨的熱鬧景象。特別是新潟市「古町」一帶，是百年前整個新潟地區最繁華的街區，那時的「古町藝伎」，與京都祇園、東京新橋並稱為日本三大藝伎大街，可以想見當年的繁華景象。

但新潟真正的豪雪地帶卻不在新潟市，而是在古稱「越後妻有」、也就是新潟縣南部的十日町與津南町一帶，因著梯田地形與特殊氣候，孕育出發達的稻米農業，出產日本最知名的「越光米」。遠在台灣的我們或許難以想像，這塊土地位處大雪地帶，在冰雪封路的嚴冬時期，許多村莊幾乎處於孤立無援的狀態；當地人僅能透過互助自給自足，以及仰賴高山融瀉雪水，在此艱困環境下，竟然還能讓新潟成為魚米之鄉。時至今日，「越光米」不僅成為頂級白米的同義詞，沃田自種的山菜與鮮美珍味，配上頂級白飯，簡單就能吃出真滋味。

隨著日本現代化，加上該地區全年有一半以上時間都處在冰天雪地的氣候中，越後妻有也不得不面臨青年出走、人口過少與老化的問題。小小兩個市町，範圍約有七百六十平方公里大，比東京二十三區還要廣闊，等同三個台北市相加的面積，但人口加起來不過六、七萬人，僅等於台灣澎湖馬公市的人口。

「越後妻有」地區深厚的歷史文化，加上豐富多彩的河山地形，孕育出代表著日本古早即存在的，與自然融合互動的「里山文化」。「里山」並不是地名，而是泛指村落、耕地、溪流附近的山林地景，透過當地居民的合理運用，進行農漁牧等生產事業，並尊重人類與大自然的和諧關係。如此與山林自然互動，不僅提供了村落所需的糧食、水源與生活物資，更涵養了在地文化。

# 從數字看新潟＆越後妻有

**1**
日本米菓、葡萄酒、錦鯉、第一家得來速發源地，皆在新潟。

**400** 年
新潟縣佐渡島金山的產金量占全日本黃金產量的一半，從發掘到現在已將近四百年，是世界上持續採掘壽命最長的金山（已於一九八九年停止採掘）。

**98** 座
新潟縣內的日本酒廠數共有九十八座，為日本第一多。

**13** 人
新潟縣內男中學生，每一百人就有十三人是桌球社員，為二〇一五年全日本冠軍。

**157.3** cm
十四歲女生的平均身高為一五七・三公分，為全日本最高。

**367** km²
日本最長河川「信濃川」流經新潟縣，滋養當地豐美水田。

**855** km²
日本最大的離島「佐渡島」面積有八五五・二六平方公里，約為三個台北市大。

**50** mm
根據日本氣象廳觀測史記錄，日本十分鐘內最大降雨量地點為新潟縣室谷町，達五十公釐。

**1**
根據維基百科資料，新潟縣三条市是日本社長比例第一高的城市，主要跟當地工業型態有關，三条市為工業區，有許多小型金屬加工業與家族經營的小型工廠。

**100** 選
十日町的棚田景觀，獲選為日本棚田百景之一，亦為「日本の里百選」。

**1**
特殊的水上交通工具「盆舟」，全日本僅有新潟縣佐渡島能體驗。

**7** 座
新潟縣境內共有七座新幹線車站，數量為日本第一。

**7** 項
根據日本氣象廳記錄，日本史上最大積雪量前十名的紀錄中，新潟縣內各市町就包辦了七項。

**4748** 座
新潟縣境內共有四千七百四十八座神社，為日本第一多。

**3** 成
十日町六十五歲以上人口占總人口約三二・一％，津南町則占三七・一％，人口老化程度明顯。

# $\mathcal{B}$efore 行前規劃

## 最佳造訪時間

整個越後妻有地區位處豪雪地帶,且雪季時間長,因此夏秋兩季(四月至十月)為最佳造訪期間。雖然許多藝術作品在雪季不開放參觀,但當地仍有許多與雪相關的祭典活動,像是以白雪搭建而成的巨大舞台,穿著十日町特色和服的女性及歌手表演娛樂節目,不但融合當地傳統文化,還會以雪雕為背景施放燦爛煙火,加上處處溫泉鄉,在冬季仍不減旅遊魅力。

## 觀光分區

不像「瀨戶內國際藝術祭」可以一個島作為一個獨立展區,「越後妻有」地區幅員遼闊,硬要分出個界線也有困難。因此「越後妻有大地藝術祭」便乾脆以行政區作為分區,以十日町市轄下的幾個町,加上津南町,共分為十日町市、川西町、松代町、中里町、松之山町、津南町共六大展區,但各展區之間的作品並無獨立主題或定義,亦無既定的參觀順序。此外既然都千里迢迢到了新潟,那麼新潟市區與佐渡島,是參觀「越後妻有大地藝術祭」之餘,建議一定要順遊的兩處好地方。

## 最適交通工具

### ▌從東京出發

#### 上越新幹線

從東京車站搭乘「上越新幹線」至越後湯澤站（約九十分鐘），換乘「北越急行 Hokuhoku 線」（ほくほく線），至十日町站（約三十分鐘）。

網址／www.hokuhoku.co.jp

#### 西武高速巴士

從池袋東口站前可搭乘西武高速巴士至湯澤或新潟站前，但比起新幹線的方便快速，搭乘巴士實非最佳選擇。

### ▌從大阪出發

#### JR 西日本列車

從大阪站乘坐「特急 Tunderbird」至金澤站，換乘「北陸新幹線」至越後湯澤站後，再換「北越急行 Hokuhoku 線」至十日町站。比起從關東出發，實際上從關西出發至越後妻有轉換多次路線，如非必要，不建議使用此交通方式。

### ▌從新潟出發

#### 上越新幹線

從新潟站搭乘「上越新幹線」至越後湯澤站（約五十分鐘），換乘「北越急行 Hokuhoku 線」，至十日町站（約三十分鐘）。

網址／www.jreast.co.jp/tc/routemaps/joetsushinkansen.html

#### 高速巴士

從新潟站前搭乘越後交通（Echigo Kotsu）高速巴士前往十日町，車程約二小時二十分。

網址／www.echigo-kotsu.co.jp

大部分台灣遊客會經由東京前往新潟，請注意搭乘「上越新幹線」時，往新潟方面會先抵達「越後湯澤」站，終點站才是「新潟站」。建議購買 JR 東日本鐵路（長野、新潟地區）五天機動周遊券，從購買日起十四天內，任意選擇五天使用。詳見 www.jreast.co.jp/tc/eastpass_n/index.html（原有 JR 東日本通票於日本國內銷售至二〇一六年六月三十日止）。

## 越後妻有地區交通方式

不少人直覺認為新潟是「遠得要命的地區」，事實上從東京到新潟非常方便，一班「上越新幹線」就可直達。相較之下，比較麻煩的是抵達「十日町」後，在越後妻有地區的各作品之間移動方式。

### 開車

有在日本各地開車經驗與國際駕照的朋友，可於新潟市或越後湯澤租車後前往，從新潟市出發至越後妻有地區，約需一小時二十分鐘（關越自動車道－國道 R117）。此外十日町站與津南町站前也都有租車公司，非常方便。

### 電車

以十日町站為中心，可搭乘飯山線電車至津南站；Hokuhoku 線則可至松代（まつだい）站，抵達後可步行前往農舞台。

### 巡迴巴士

藝術祭期間有巡迴巴士在各主要作品間接駁，且大會會發行巴士周遊券，如在藝術祭前住，請事先至藝術祭官方網站查詢購買資訊與時刻表。

### 自行車

大地藝術祭綜合案內所（十日町站西口／松代站／越後妻有里山現代美術館／津南町（舊富田屋旅館））、下条遍泉 Miyoshi 之湯（みよしの湯，JR 飯山線下条站步行五分）均提供自行車出租。

營業時間／ 09:00 ～ 17:30（※ 須當日還車）
出租費用／一般自行車 300 日圓／ 1 日、電動自行車 500 日圓／ 1 日
由於山坡路段多，建議租借電動自行車。但須在出租場所還車，不可跨站返還。

### 計程車

如果沒有非要看完所有展品，也不想花太多時間或精力研究行程或電車時間，亦可針對大地藝術祭做一日遊規劃，可選擇主要展點如農舞台或越後妻有里山現代美術館。至於在當地景點之間的移動，可交給計程車打理。

## 住宿資訊

參觀大地藝術祭，住宿地點可以很多元，以距離來說，能住在越後妻有的十日町市、津南町一帶，或距離不遠的魚沼市、南魚沼市等地，參觀作品最是方便。不過大部分遊客仍選擇住在新潟市或越後湯澤，雖然距離稍遠，但因位於交通樞紐，且新潟市區住宿形式與旅館數量較多，對於想順道購物的台灣人而言，仍能在走訪藝術祭之外滿足血拚慾望。此外，少數遊客願意從東京往返，使用 JR 東日本套票優惠，將大地藝術祭搭配東京近郊，來場新幹線之旅，也是不錯的計畫。

### ▍越後妻有地區住宿點推薦

⌂ 松代地區——山之家（YAMANOIE）背包客棧

松代地區正是知名作品「農舞台」的所在地，相較其他區域並不算偏僻。兼營背包客棧與咖啡館的「山之家」，距離北越急行 Hokuhoku 線的松代站步行僅約五分鐘，對於不開車的遊客而言非常方便。「山之家」本身並沒有溫泉設施，但提供免費接駁讓客人至不遠處的芝峠遍泉泡湯，相當貼心。而「山之家」最大的優勢除了交通方便外，價格也相當實惠，且品質並不因此打折，餐食或咖啡頗有水準。如果你住慣東京背包客棧，那你一定會喜歡「山之家」，可謂自助旅行者的最佳選擇。但最大缺點是，床位只有九個，經常滿房！

價格／4000 日圓起（早餐、泡湯接駁須預約）
早餐 500 日圓、午間定食 950 日圓、單點咖啡茶飲等 350 日圓

營業時間／全年
地址／新潟縣十日町市松代 3467-5
電話／ 025-595-6770
網址／ yama-no-ie.jp

⌂ 松之山地區——三省 House（三省ハウス）

位在松之山的山腰集落中，由學校所改建的民宿，木造校舍屋齡已超過五十年，充滿歷史感卻不陳舊。其中五間教室改為上下舖式的房型，每房十六個床位，可同時容納八十名遊客入住；而原本的體育館則改為洗衣間。附設大型食堂、圖書室等，頗有學生時代的住校風情。食堂餐點由當地集落的主婦們共同打理，以在地生產的食材與棚田稻米做成的媽媽料理，是標準里山口味。

此外，日本知名三大藥湯「松之山溫泉」距離民宿僅十分鐘車程。溫泉區內有不少溫泉旅館，如果不想與陌生人同住民宿，也可選擇入住松之山溫泉區的溫泉旅館。除住宿外，區內也有僅供泡湯的「Nasutebyuu 湯之山」（ナステビュウ湯の山）日歸溫泉，只要六百日圓，就能徹底享受露天風呂與大浴場的溫泉療癒。

❀ 三省 House（三省ハウス）
價格／1 泊 2 食（亦可至 3 食）6600 日圓起／人
營業時間／全年
地址／新潟縣十日町市松之山小谷 327
電話／025-596-3854
網址／www.sanshohouse.jp

❀ Nasutebyuu 湯之山日歸溫泉
網址／www.yunoyama.jp

🏠 津南町──秋山鄉結東溫泉 Katakuri 之宿（かたくりの宿）
越後妻有一帶已是人煙稀少，而津南町秋山鄉一帶更是祕境中的祕境，深山景觀絕美，有如置身與世隔絕的桃花源。Katakuri 之宿與三省 House 同樣為廢棄小學校校舍所改建而成，設有食堂、體育館等設施，差別在於 Katakuri 之宿的住宿形式為和室客房。由於當地就有知名的「結東溫泉」，想泡湯不用外出，旅館特別將原本的「校長室」改造為溫泉浴場與半露天風呂，雖然形式上與一般溫泉風呂無異，但在「校長室」泡湯，概念上非常特別。

價格／1 泊 2 食 9200 日圓起／人
營業時間／4 月至 11 月
地址／新潟縣中魚沼郡津南町結東子 450-1
e-mail／katakuri@tsumari-artfield.com

🏠 當間高原── Belnatio 度假村
坐落在幽靜鄉間的 Belnatio 度假村，是義大利語「美麗家鄉」之意。保留著過去溫泉療養的風情，隱密悠閒的氣氛，讓這座歐式度假飯店特別不同，以一種充滿原生態的方式，讓住客得以享受與大自然一同呼吸的感覺。無論是盛夏的森林浴、秋季的大片花海，冬季的雪中溫泉，加上清晰如鏡的美麗湖泊，可謂十日町地區住宿的最高享受。

地址／新潟縣十日町市珠川 949-855
網址／www.belnatio.com

# Classic 經典藝術作品

## 十日町市與十日町地區

　　十日町市是位於新潟縣靠南部的小型市鎮，由原本的十日町及周遭的川西、中里、松代、松之山合併而成，光面積就超過兩個台北市之大，人口卻只有五萬多人，約等同新北市瑞芳區的人口數。日本第一長河信濃川流經十日町境內，加上越後丘陵的地形與雪水，滋養出豐美的梯田與稻作。

　　十日町市是整個「越後妻有大地藝術祭」的主要展區，JR 飯山線與北越急行 Hokuhoku 線在十日町均有設站。乍聽之下讓人以為是交通方便的地區，但請務必記住，「十日町市有兩個台北市那麼大」，卻僅有寥寥無幾的電車車站，除了市中心，在大多數作品附近，都是一望無際的稻田、菜田、梯田，幾乎看不到人，而作品與作品之間，相隔距離以公里計。

　　「為什麼作品與作品之間隔得這麼遠？」這應該是很多遊客心中的 OS，新潟地區不像大都市，有便捷的地鐵或交通串連大街小巷，如果不是自行開車或搭乘接駁車，想靠雙腿在各作品之間遊走，難度恐怕與西天取經差不多。

　　透過觀光導覽人員的說明，才知道一切都是故意的，就是要「徹底非效率」。正因為十日町一帶幅員遼闊，每個地方都是「田」，這些藝術作品所擔負的功能之一就是「路標」，也讓這些丘陵與田有了定向與生命。畢竟要在「兩個台北市大的十日町市」中指出這田那田，還真是十分不易，但有了這些作品後，「這是住在農舞台附近的佐藤先生種的野菜」、「中里先生的牛牧場就在羅馬神殿附近」……無論提到任何人事物，以藝術作品作為路標，馬上就能讓外地人對位置有所概念。

　　此外，若將作品集中放置，就失去了讓人們深入越後妻有的意義，觀光導覽人員說，唯有將作品散置在各個村莊，才能讓人們遍訪各個地區；且因為在相距甚遠的作品之間移動時，人們得以回味方才的悸動，並有足夠時間沉澱，以新的角度觀賞下一個作品。也因觀看距離的不同，作品亦能展現出更多不同的風采。

## 🍀 藝術祭的起點

作者名稱／越後妻有里山現代美術館

　十日町市幅員遼闊，但不至於一出車站就是空無一人的光景，從市區開始的藝術之旅，在距離與遊客的心態上，都能有循序漸進的感受。

　「越後妻有里山現代美術館」位於十日町市區的中心地帶，由日本知名建築師原廣司所設計。二○○三年完工時僅作為「越後妻有交流館」使用，直到二○一二才變身成為美術館。美術館有另一個名字叫做「KINARE」，在當地的方言是「過來」，也因此作為大地藝術祭的第一站，希望人們從四面八方「過來」，意義上非常契合。

　雖然是「美術館」，卻沒有尋常美術館予人冷冰冰的距離之感，現在整棟 KINARE 由越後妻有里山現代美術館、越後妻有交流館、十日町溫泉明石之湯、食事處、咖啡館……等多元單位所構成，加上隔壁棟就是十日町大型超市與賣店，不時可見當地的阿公阿嬤穿梭其中，是非常親切的氛圍。

美術館擁有單獨入口與空間，雖然自成一格，卻與其他單位共生，建築中央的一方水池，經常是美術館用來展出公共藝術的重要據點，不管居民或遊客來此是為了吃飯、泡湯還是看展覽，都能輕易與這些藝術作品打照面。

水池並非天天都有展覽，無展時的水池空無一物，平靜地像是法鼓山上的祈願觀音池。在二〇一二年大地藝術祭期間，廣場將水池抽乾，展出了法國藝術家 Christian Boltanski 的作品「無人之境」，堆疊於廣場中，高達九公尺的衣物山，呈現三一一地震、海嘯與核災的日本，並以怪手重複進行抓取、放下衣服的動作，象徵普羅米修斯般的苦難輪迴。二〇一五年則由中國藝術家蔡國強在水池中打造「蓬萊山」，上千艘由稻草紮成的戰艦、戰機圍繞其上，意在反思戰爭。但除了水池中的作品，兩

層高的美術館內還有近二十件常設藝術品，加上食事處、咖啡館，及有著溫泉、藥湯、寢湯、小睡室的「明石之湯」，設施多元，足以讓人待上一整天。

❀ 越後妻有里山現代美術館
地址／日本新潟縣十日町市本町 6 丁目
交通／十日町站步行 10 分鐘可達
開放時間／ 10:00 ～ 17:00（週三公休、藝術祭期間無休）
美術館票價／一般 800 日圓（大地藝術祭期間請依官網刊載為準）
美術館網址／ smcak.jp/

❀ 明石之湯
票價／ 600 日圓
開放時間／ 10:00 ～ 22:00
網址／ kinare.jp/page_akashi.html#kasuri

## 美術館內大地藝術祭常設作品介紹

　藉由美術館內串連各具面貌的作品，結合世界、現代、新潟和里山的交錯空間，在寫實與超現實之間，以藝術為大地註下新解。

Leandro Erlich「隧道」。

### ❀ 隧道

創作者／Leandro Erlich（阿根廷）

　為了防止豪雪將屋頂壓壞，越後妻有一帶的糧倉呈現特有的半圓頂形狀，稱之為「魚板倉庫」（かまぼこ倉庫）。來自阿根廷的藝術家 Leandro Erlich 將他在此地經常看到的隧道與魚板倉庫做結合，創作出混淆視覺的作品「隧道」，讓每個親自走到長路盡頭的遊客都啞然失笑。

新潟特有的「魚板倉庫」形式。

169

## ♣ Rolling Cylinder, 2012 旋轉的美髮燈
創作者／Carsten Höller（比利時／法國）

　　紅白藍三色構成的美髮店旋轉燈標誌，是大家再熟悉不過的招牌形式，但如果人變成縮小的愛麗絲，置身於旋轉滾筒內又是什麼感受呢？暈眩、失措、被吞噬是大部分人的感受，但也有人覺得像是置身霓虹燈般新奇有趣……你的經驗會是什麼？親自在滾筒裡走一趟就知道了。

Carsten Höller「Rolling Cylinder, 2012」

## ✿ 鬼衛星（ゴースト・サテライト，Ghost Satellite）

創作者／Gerda Steiner & Jorg Lenzlinger（瑞士）

古代的新潟是「遠得要命王國」，對部分現代外國人而言也是一樣。在這兩位瑞士藝術家的眼裡，新潟就像是一枚距離日本中心很遠的人造衛星，幽幽地獨自漂浮在宇宙中。於是他們收集在地的各種農具或生活用品，將之吊在美術館入口處，如同衛星一樣漂浮著，表達出他們對整個越後妻有地區的感受。

Gerda Steiner & Jorg Lenzlinger「Ghost Satellite」

Elmgreen & Dragset「POWERLESS STRUCTURES, FIG. 429」

## ✤ POWERLESS STRUCTURES, FIG. 429

創作者／ Elmgreen & Dragset
（丹麥、挪威／德國）

　　「白盒子空間」（White cube）是當代藝術最常見的展示空間形式，展覽空間為四周白牆、白天花板、灰色或木質地板，作品的陳列方式常常是一整面牆只有一件作品，每件作品都是孤立的。近幾十年很多裝置藝術家開始走出美術館，顛覆冰冷的白盒子空間。但這件置放在白盒子美術館裡的白盒子作品，錯亂的堆疊陳列，對美術館這類展示空間做了極大的批判。藝術不該自外於生活，本就是大地藝術祭中處處可見的概念。作為大地藝術祭的第一站，美術館裡的作品就是批判美術館，相當有趣。

Lorenzo Bini「《○in□》Massimo Bartolini Feat.」

## 《○ in □》（Massimo 書棚）

創作者／Massimo Bartolini Feat. Lorenzo Bini（義大利）

　　如果不特別提及，有些人可能就當做是附設咖啡廳或書店逛了吧？其實這也是作品之一，且的確是咖啡廳，但祕密在圓桌上不規則的線條，將桌子與桌子合併後，線條連結起來就成了「信濃川」的形狀。天花板上的圓形照明象徵雲朵、圓盤則為水面反射的光影。如同作品名稱《○ in □》，作者在四方形的美術館中，以一系列圓形設計顛覆原廣司的方形元素，呈現出越後妻有的地景概念。

Explore
探索十日町市

十日町市博
十日町市立西小

加油站

开
趣訪神社

〒郵局

N

越後妻有里山現代美術館

飯山線

西宮神社

北越急行 Hokuhoku線

警察署

十日町站

智泉寺

水月寺

専迎寺

## 松代地區

　　如果你只有短短一天造訪大地藝術祭，或只能前往一個景點來觀賞作品的話，松代地區的「農舞台」是不二選擇，因為整個越後妻有的地貌樣態與縮影，如丘陵、棚田、農事……幾乎都呈現在「農舞台」。而以「農舞台」為中心的藝術作品就有數十件，密集程度為六區之冠，加上大師草間彌生的作品加持，讓整個松代地區成為大地藝術祭的精華地帶。

### ♣ 雪國農耕文化村中心

作品名稱／農舞台

創作者／MVRDV

　　因地形氣候的緣故，整個越後妻有一年有超過五個月都是下雪的季節。大雪冰封了生活，卻在飄雪的時候潤澤大地。背靠里山，面臨日本最長河流信濃川，該區長久以來都是一大糧倉，不但培植出馳名的越光米，稻米產量也全國數一數二。

　　這棟從廣大的稻田裡長出來、像是有著四隻腳的白色建築物「雪國農耕文化村中心——農舞台」，本身就是一件藝術作品，由荷蘭當紅知名建築團隊 MVRDV 所打造。雖然建築本身為白色，但內部各空間色彩卻以強烈原色來呈現，讓雪國的室內溫度與熱情更加提昇。

　　「農舞台」建築內除設有展演廳外，最大特色就是能從室內各角落如屋頂、廁所、樓梯間、露台……等地，遠眺、近觀那些圍繞著農舞台四周的作品。

　　而「農舞台」——里山食堂的餐食，更是大地藝術祭的極致表現，農業原本就是越後妻有的最大競爭力，除了用眼睛觀看，更強烈建議在此用餐，親自品嚐越後妻有的食物藝術、吸收大地養分、感受日本農業中心的強韌生命力。

至於「農舞台」內的賣店則是掏空旅人荷包的所在，除了藝術大師的周邊商品讓人買到欲罷不能外，那極具生命力的在地農產品更是感動人心。我在當下完全折服於日本強烈的文化力，因為身在稻田裡，你會知道這些農產品是有「真心」的，那就是日本真實的農業文化，好的產品不須瞎扯農夫的個人故事，越後妻有的整體農業品質就是最好的包裝。就說「越光米」吧，品質那樣好的米，本身就值得讓人以高價購買，更何況數量都快不夠賣了，哪裡需要文青來寫渲染過的小故事做包裝呢？

地址／新潟縣十日町市松代 3743-1
交通／Hokuhoku 線松代（まつだい）站下車步行約 5 分鐘
電話／025-595-6180
營業時間／10:00-17:00（休館時間請見官網公告）
門票／600 日圓
網址／www.echigo-tsumari.jp
（附設里山食堂營業時間 10:00-17:00，藝術祭期間營業至 20:30 週三公休，套餐 1000 日圓起。）

## 關於荷蘭建築團隊 MVRDV

由三位荷蘭建築師所組成的 MVRDV，是荷蘭以至全世界的重要建築團隊之一，這個怪異的團名正是三位合夥建築師 Winy Maas、Jacob van Rijs、Nathalie de Vries，姓氏第一個字母組合而成。主要的建築理念為「建築密度最大化」，乍看之下似乎與一般強調綠化的建築概念似有衝突。真實情況是 MVRDV 一向反對都市擴張，且關注城市問題，為了讓郊區與鄉村地區能維持低密度的發展，因此主張在有限的都市空間中做最有效的利用，並以顛覆傳統的建築視角與城市規劃活躍於世界建築舞台，作品雖有濃厚的實驗風格，卻非常注重實用性。MVRDV 的代表作品經常是國宅、安養院等公有建築，他們認為解決大眾面臨的居住問題，遠比蓋有錢人的住宅更有意義。知名的作品包括鹿特丹 Markthal 市集廣場、德國慕尼黑的「條碼屋」、荷蘭的「WoZoCo 老人公寓」等。日前 MVRDV 最受台灣人所期待的作品，是台南市海安路的城市潟湖改造案，預計於二〇一六年動工。

以稻草製成的巨大蜘蛛，由當地居民和藝術家一同打造。

## ♣ 南瓜之外，絕美花開

作品名稱／花開妻有
創作者／草間彌生

　　草間彌生奔放活潑的作品「花開妻有」，重疊的點點花瓣與肆意蔓延的花蕊，構築成可愛而巨大的花朵，彷彿真是從那小小的丘陵土地長出，那強韌的生命力真是吸睛。不同季節有不同的魅力，夏時映襯著一片翠綠，為稻田景觀妝點更多色彩。冬季就算被雪覆蓋，那努力竄出的花瓣，仍能在一片雪地中展現熱力，是大地藝術祭最具代表性作品之一，也是草間彌生在「南瓜」以外最受歡迎的創作。

草間彌生「花開妻有」。

© KUSAMA YAYOI

## ♣ 梯田裡的風物詩

作品名稱／棚田

創作者／Ilya & Emilia Kabakov（俄羅斯）

　　另一件與「農舞台」密不可分的作品「棚田」，亦為大地藝術祭的代表作品之一，且具有指標性的重要意義，可說是因為「棚田」的關係，進而催生了農舞台的建設，並牽引著整個大地藝術祭，光從其天字第一號的編號便能看出端倪。

　　二〇〇〇年時由俄羅斯藝術家夫婦 Ilya & Emilia Kabakov 在當地農民福島先生的棚田土地上創作，五組農民的耕作身影搭配著像是俳句般的文字雕塑，半透明屏幕上寫著關於四季農耕的風情詩，稻田、剪影與詩句形成立體的繪本，呈現農民犁田、播種、插秧、收割、運送……等過程。由於藝術家夫婦兩人皆經歷過蘇聯共產政權時期，深知農民在雪地耕作的困苦以及那極度壓抑的情緒，雖然日本並非共產國家，但藝術家夫婦對農民的敬意，仍在作品中展現得淋漓盡致。

　　為了能完整觀看這件巨型作品，農舞台特別設置「展望台」，讓遊客能站在最佳位置觀賞，「棚田」不單只是件藝術作品，它讓整個松代地區成為一座農田美術館，並成為大地藝術祭的精神標竿。

## ♣ 立體戶口名簿

作品名稱／松代住民博物館
創作者／Josep Maria Martin
（西班牙）

　從松代車站走到「農舞
台」的連通道路上，豎立著
一千五百根彩色木板，一根木
板就是一戶人家，因此每根木
板上都有該戶的姓氏與屋號。
有趣的是，木板的顏色可由該
戶人家自行選擇，讓當地民眾
親身參與創作。

# Explore
## 探索松代地區

少林寺

広德

山之家

松代小學

加油

松代

松代中學

松代住民

北越急行 Hokuhoku 線

郵局

長命寺

松代變電所

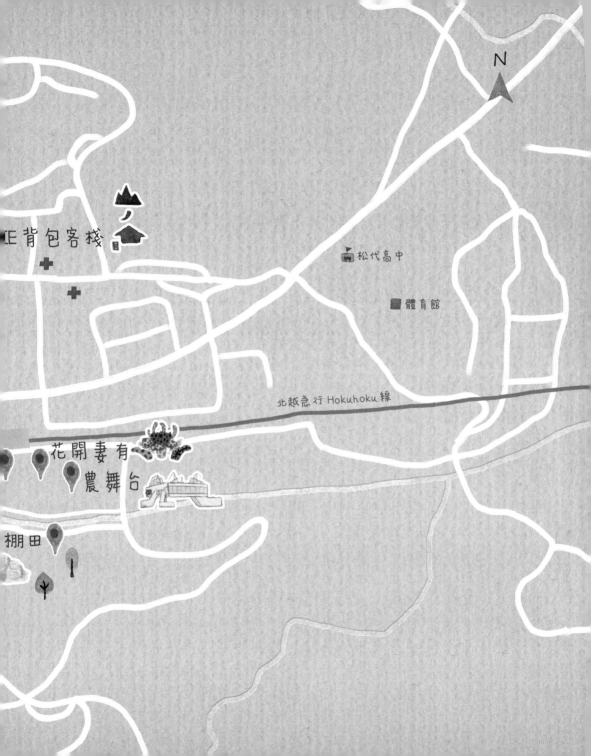

E背包客棧

松代高中

體育館

北越急行 Hokuhoku線

花開妻有
農舞台

棚田

## 川西地區

　位於信濃川西岸故名川西，地處大地藝術祭整個展區的最北端、約五十公尺高的台地上，能遠眺信濃川與整個十日町稻米農作區，風光相當優美，加上有千年歷史的「千手溫泉」亦在此區，平時就是在地居民的日歸療癒之所。

## ✤ 光之禮讚

作品名稱／光之館
創作者／ James Turrell（美國）

　是溫泉旅館，也是藝術作品。

　雖說按圖索驥是走訪大地藝術祭最重要的觀展方式，但在「光之館」內，可直接入住一晚，不用到處走跳，也是另一種體驗方式。特別是在日本傳統建築裡體驗光的藝術，更是藉由住宿過程，感受日本傳統文化中對於光影的獨特見解。

　「所謂的美往往由實際生活中發展而成，我們的祖先不得已住在陰暗的房間裡，曾幾何時，竟由陰翳中發現了美，最後更為了美感，進而利用了陰翳。」這是日本文學大師——谷崎潤一郎的散文集《陰翳禮讚》中的一段話，谷崎大師本人非常不喜歡屋內有任何現代化設施，就連磁磚、電扇等，都曾是他抱怨嫌惡過的物品。藝術家基於這樣的理念，打造了全木造建築「光之館」，利用由外而內的天然光線，塑造屋內不同的光影氛圍。一樓有全木造大型溫泉池，夜晚泡湯可盡享室內黑暗與微弱天光所帶來的視覺解放，亦有特別打

造的光影秀，引領房客進入朦朧夢幻的境界。二樓和室房頂則為可動式，不下雨時將之全面敞開，房客可以躺在床上欣賞藍天、夕陽、星空，藉由不同時間的光線面貌，感受大自然投射於屋內的美麗色彩。

地址／新潟縣十日町市上野甲 2891
交通／於「十日町站」下車，轉搭計程車約 15 分鐘
電話／025-761-1090
網站／hikarinoyakata.com

光之館

■高爾夫球場

卍長安寺

Explore
探索川西地區

神明社开

N

〒郵局

📮

🏫上野小學

📮加油站

✚

西永寺卍    开趣訪神社

🚃十日町站

🏛體育館    🏫川西高中

## 中里地區

　　狹長的中里地區介於十日町與津南町間，北半區同時有信濃川與釜川流經，滋養出大片豐美土地，步行在這區頗有走在池上伯朗大道之感，雖比池上少了點觀光味，但寧靜原始的鄉村氣息讓人更加放鬆。夏日自是一片翠綠，秋天則盡是成熟莊稼，這樣的農村風光，真是賞心悅目。

　　南半區則因特殊的峽谷地形，造就出日本三大溪谷之一的「津輕峽」，險峻秀麗的峽谷山景與溫泉，在紅葉季節吸引許多登山客來此造訪。

Richad Wilson「日本定向」。

## 🍀 出發總有個方向

作品名稱／日本定向（日本に向けて北區定めよ，74°33'2"）

創作者／ Richad Wilson（英國）

乍看之下還以為藝術作品是大鳥居吧？但它其實就在這座大鳥居旁邊，因隔壁就是學校，有些人還以為是校園裡的遊戲設施呢。據說作品方向有兩個意義，一是朝向藝術家 Richad Wilson 的故鄉英國，另一層意義也是越後妻有與日本的關係，象徵日本的定向就是越後妻有地區。

我對這件作品的私解讀是「無論現代化社會發展到什麼程度，人終究不能忘記農業才是國力的根本」。當然我沒有機會向藝術家本人求證，但就算求證也不會得到正確答案。整個大地藝術祭的作品皆如此，不管藝術家創作時的基本概念是什麼，但觀看者的感受與觀看當下所互相激盪出的火花，才是賦予藝術作品生命的能量。

地址／新潟縣十日町市桔梗原キー1301（中里中學旁）

交通／距離 JR 飯山線越後田澤站約 1.2 公里，步行約 15 分鐘

開放時間／全年無休

票價／免費

## 🍀 草原上的觀景窗

作品名稱／為了許多失去的窗口（たくさんの失われた窓のために）

創作者／內海昭子

越後妻有地區處處是美景，放眼望去盡是梯田、山野、稻浪，這些對當地居民而言司空見慣的風景，看久了可能會失去初見的悸動。對外地人而言，因為美景太廣太大，反而不知從何看起。因此透過作品的「指點」，讓原本就在那兒的美景，再次感動人心。站在藝術家打造的展望台上，透過「窗戶」看出去，剛好是信濃川與芋川交織而成的越後妻有風光，讓人有恍然大悟之感，「原來從這裡看出去是這麼美啊」，會聽見內心的聲音這麼喊著。

當然從照片看來，小出鎚也成了另一種風景，窗簾被風捲到欄杆上，我們拿了雨傘、竹竿等都無法將它恢復原狀，「就這麼拍吧」，反正家裡的窗簾也有這樣不聽話的時候，誰說藝術作品一定是有模有樣的呢？

地點／結梗原 Uruoi 公園（桔梗原うるおい公園）內（十日町市桔梗原キ 1463 番地 1）

開放時間／ 4 月下旬（雪季結束後至 10 月底）

票價／免費參觀

內海昭子「為了許多失去的窗口」。

Explore
探索中里地區

十日町站

北越急行線

飯山線

秋葉山

中居平山

城山

打野山

越後田澤站

田澤小學

郵局

日李定向

中里中學

加油站

田開稻荷神社 為了許多失去的窗口

郵局

N

六万騎山

卍 真淨寺

笠置山

八海山酒造
稲荷神社开
开熊野神社

十二神社开
城内中學
城内小學

中将岳

天滿宮开

桝形山

上越新幹線

城山神社开

六日町

錢淵公園

公園

坂戶山

开天神社

上越線

## 松之山地區

　　松之山地區位於越後妻有的西側山區，鄰近長野縣，既偏遠又苦寒，是全日本年平均積雪最高的地區，可謂豪雪中的豪雪地帶。雖然抵達較為不易，但此行最令我感動的作品都在這裡。

## ✿ 追憶似水年華

作品名稱／最後的教室
創作者／Christian Boltanskijjean Kalman

當人口逐漸向大城市流動，越後妻有地區留下了大量廢棄的中小學校舍，這是其中一所，因為大地藝術祭而成為展場之一。

管理員小野塚老先生曾是這座小學的學生，佝僂的身形與無法伸直的手指，說明了他一輩子務農的身分。現在不再耕作的他以八十多歲高齡協助看管這座廢棄的校舍，由他來詮釋小學的過往，特別令人動容。

封閉的禮堂中，微弱的點點燈光像是新潟冬季的白雪紛飛，又像是老電視失去訊號後的花白畫面。一台台還在運作的老電扇彷彿還攪動著孩童的笑語，喚醒了廢棄校舍的舊時光。與二樓強烈的心臟跳動聲形成強烈對比，人缺席了，但回憶開始在幽暗的空間充盈。

記得前面提到過的，瀨戶內國際藝術祭作品「心臟音」嗎，也是同一位藝術家 Christian 的創作，他在過去展覽中大量展出各種逝者人像照片，總是拿死亡和人世的荒謬性作為主題。他自己曾說，是因為二次大戰和身為猶太人這兩個背景，影響他的創作甚巨。但小野塚老先生說，雖然很多人都認為這些作品象徵死亡，但藝術家本身對作品沒有賦予任何定義，一切但憑觀賞者自行詮釋。

看似有些沉重甚至帶點驚悚的作品，其實不如表象看起來那麼負面。我想起法國作家普魯斯特在他著名的作品《追憶似水年華》中說過：過去的時光並未逝去，它們以聲音、氣味等形式隱藏在物質世界當中，並以隱密的方式參與著現實。

原來這才是藝術作品療癒人心的方式，看來充滿黑暗死亡氣息的呈現，黑到最深處其實是光明。這件作品這麼告訴我：那些我們以為消逝了的人事物，其實一直在我們身邊。

地點／新潟縣十日町市松之山藤倉 192（舊束川小學）
開放時間／每年僅於秋季開放一個月，請留意官方網站公告
票價／ 500 日圓
網站／ www.echigo-tsumari.jp/artwork/the_last_class

## ✿ 來自森林的笑語

作品名稱／越後松之山森林學校 Kyororo（越後松之山「森の学校」キョロロ）
創作者／手塚貴晴＋由比

　這並不是一所學校，也不是廢棄小學改造的建築，實際上是座與森林、自然科學相關的展館，也是松之山地區重要的藝術祭舞台。從內到外都以松之山地區的自然生態為主題，例如館名唸作 Kyororo（キョロロ），是松之山地區特有的赤翡翠鳥叫聲；建築造型則呈現「蛇」狀，是以周遭地區蜿蜒步道為想法，而設計出有如蛇探頭的外型；館內則有許多甲蟲、蝴蝶、林木等生態標本，都是松之山地區特有的生態展示。

　松之山地區因積雪關係，夏季與冬季的地面落差相當大，刻意墊高的地基與塔台，讓這條「蛇」在冬季也能成為居民互動的場域。

地址／新潟縣十日町市松之山松口 1712-2
開放時間／全年
票價／ 500 日圓
網站／ www.matsunoyama.com/kyororo

松代站

三省House
三省ハウス

越後松之

Explore
探索松之山地區

十二社开
安塚高中
加油站
开十二社神社

松之山小學
大棟山美術博物館
觀音寺卍

松陰寺卍
松之山中學

大松山

郵局〒

正法寺卍

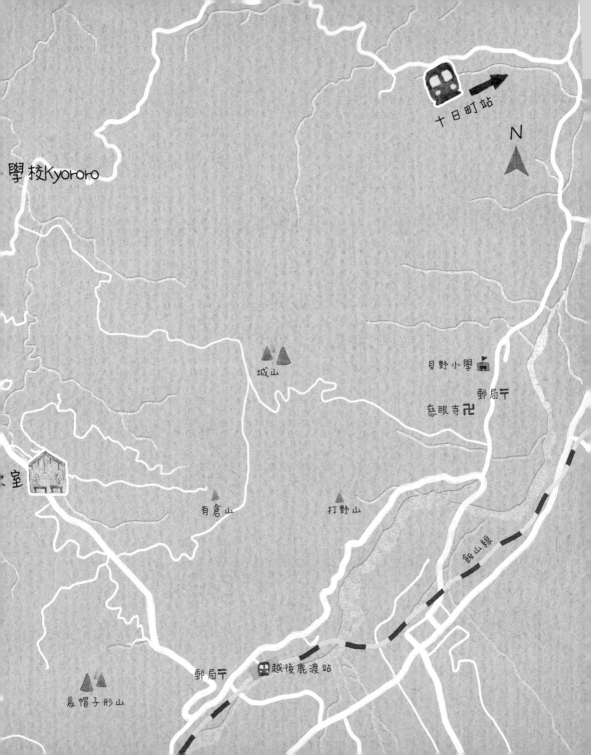

# 津南町

　　津南町位於整個新潟縣的最南端，與長野縣比鄰。日本知名的越光米之中，最極品的便產自津南町所屬的中魚沼市。

　　之所以種得出日本第一越光米，靠的並非平原地形，津南町因古代劇烈的地質運動，形塑出豐富的河階地形，從平原到丘陵到高原兼備，同時擁有九段河階地形，可謂日本第一。

　　除了得天獨厚的地理環境與氣侯造就出津南町的一級稻作區外，當地居民在艱困環境中的創意才是一絕。稻米收割後要曬穀，須耗費不少人力，在年輕人口流失的情形下，老農們把腦筋動到了滑雪場，他們利用非雪季期間所閒置的高空纜車，將收割的極品越光米一束束掛上纜車，就這麼來回兜轉，稻穗充分享受到日照與微風吹拂，既省人力，又能讓稻米維持理想的甜度與水分，成為津南町特有的極品「天空米」。這搭過纜車的米當然不便宜，五公斤裝要一萬日圓，貴就算了，還買不到，畢竟數量有限，早在收割前就被預定一空。

本間純「森」。

地點／新潟縣中魚沼郡津南町上鄉上田甲 1745-1
（作品位於郊山區，須步行經過一小段自然泥草
地，請小心慢行）
開放時間／4 月至 10 月
票價／公共場所作品免費

 **森林裡的鉛筆森林**

作品名稱／森
創作者／本間純

　　日本藝術家本間純在迷你魚板倉庫中，以七千多枝鉛筆打造出迷你森林意象。台灣年輕學子
對本間純應該不陌生，在許多校園如宜蘭大學、成功大學都能見到他的作品，擅長打造視覺趣
味，重視作品的在地化，如這座鉛筆森林，看起來可愛帶點童趣，卻也表現了新潟地區重要的森
林資源。

李在孝「0121-1110=109071」。

## ♣ 森林裡的木球森林

作品名稱／0121-1110=109071
創作者／李在孝（韓國）

作品名稱有點謎「0121-1110=109071」，韓國知名鑄木藝術家李在孝，擅長以木材創作，且一直在尋求天人合一及與自然和諧共存的方式，這些以木材搭建的球體，置於森林中，特別有種回到森林母體的感覺。

地點／新潟縣中魚沼郡津南町上鄉上田甲1745-1（作品位於郊山區，需步行經過一小段自然泥草地，請小心慢行）
開放時間／4月至10月
票價／公共場所作品免費

## ✿ 農田裡的任意門

作品名稱／越過國境・山
　　　　　（国境を越えて・山）
創作者／林舜龍（台灣）

　　透過一座台式風格的圍牆與門框，往
這頭能看見台灣的農村代表——水牛，
及台灣建築特有的交趾陶裝飾，另一頭
則呈現津南町區的農村原貌，以任意門
的概念聯繫台灣與日本兩地，呈現跨越
國境的村落意象。

地點／新潟縣中魚沼郡津南町穴山集落
開放時間／4 月至 10 月
票價／公共場所作品免費

林舜龍「越過國境・山」。

# Do or Don't
## 注意事項

　由於知名的苗場滑雪場與越後湯澤溫泉皆位於「越後湯澤」，若於冬季前往，理論上是可順道前去觀賞越後妻有大地藝術祭非展期的常設作品。但越後妻有一帶冬季白雪茫茫，除非是搭公車或計程車前往里山現代美術館、農舞台之類的室內展區，否則若無在日本豪雪地帶開車經驗，極不建議冬季前往山區觀展。

　許多作品在雪季期間是關閉的，若於十一月至四月期間前往，請務必先至大地藝術祭網站查詢各作品開放時間。但仍可前往越後妻有里山現代美術館 & 農舞台參觀。

# 魅力新潟

## 雪國種出日本第一越光米

　　就因新潟的雪，為這接近日本海卻又被群山環抱的桃花源，孕育出知名的「越光米」。之所以叫做越光，其中一說是「在越州閃閃發光的稻米」，另一說為「越州之光」，無論哪種說法為真，都足以見證越光米的卓越品質。特性是黏性強、口感風味佳，但產量有限，因此有許多餐廳或食堂以「越光米」作為主打食材，十分受歡迎。

　　其實越光米只是某一特定的水稻品種──農林一百號，在新潟以外的地方也能種植，但其他地方的田地即便種了相同品種，也無法種出新潟越光米的品質。目前市場上流通的越光米有不少品牌，但識貨老饕都知道，只有新潟魚沼所產的越光米，才是真正極品，連續二十多年榮獲全日本特 A 級的評價。不知是不是心理作用，看著魚沼越光米煮出來的飯，彷彿特別均勻飽滿、色澤晶瑩，實際吃來還真的軟黏適中，保持一定水份之餘，仍維持 Q 彈韌性。據說，在過去只有天皇與皇室貴族，才能吃到這魚沼所產的極品越光米，聽了這說法，更覺米飯好吃，這回我可過了一次當皇室的癮。

　雖然連當地人都說魚沼所產的越光米最是頂級，不過對平凡食客如我，總覺新潟各地的越光米品質都在伯仲之間，特別是在當地怎麼吃都好吃。重點是新潟能種出如此好吃的米，肯定有科學依據，為此我問了好幾位當地人，都說新潟米之所以好吃，不外乎以下幾種原因：有日本最長河信濃川貫穿稻田、有漫長的雪季覆蓋土地、有冰融雪水滋養、有超過十度以上的日夜溫差……在在成了孕育新潟好米的有利條件。

　此外，新潟對於好米品質的守護，可不完全依賴大自然。就栽種條件而言，新潟對自家米的審查條件毫不馬虎，例如農藥使用次數、氮化肥使用量等標準，制定得相當嚴苛；近年當地農作職人更堅持使用天然堆肥的方式，以減少化肥使用，或以人力翻曬稻穀，維持充足日照。

　被山海滋養的新潟大地，既產好米，更有如同自家冰箱的日本海，一整年不間斷地提供各種豐富且新鮮的漁獲。將兩者完美結合，正是知名的「新潟極品握壽司」。特別是冬天在佐渡外海捕撈到的「寒鰤」與「南蠻紅蝦」，是新潟最具代表性的當地食材。此外，日本海漁獲以種類豐富的美味白肉魚為主，因此將黑喉、比目魚等魚種結合壽司飯，是新潟壽司店特有的作法。形式固定為一份十貫（附湯），可一次嚐遍新潟頂級海陸食材，非常值得一試。

新潟特產「佐渡南蠻紅蝦」。

## 米心釀出日本好酒，八海山雪藏酒造

雪水種出好米，自然也能成就好酒。

但新潟清酒之所以為人稱頌，除了米好，還需要「水」好。特別是雪國擁有大量如甘露般的雪水，為新潟清酒更添好味。因此新潟日本酒自古以來就頗負盛名，單是酒廠就有九十家以上，酒種更達五百多種，熟悉的久保田、八海山、菊水、上善如水等，統統都是新潟知名清酒銘柄。

常聽人說「新潟淡麗」，實際來到新潟，方知這四字乃新潟酒國的中心思想。「淡麗」是形容日本酒的詞語，指的是醇厚圓潤的口感，與其他地方的清酒相較起來辣度較低；只因雪國氣溫夠冷，這低溫不但能降低清酒的烈性，還能增加甘香甜美的韻味。但喝來順口的新潟淡麗，可不代表酒精濃度較低，初訪新潟的朋友別輕易上當，看到酒名有「淡麗」二字就卯起來乾杯。

既然新潟是全日本擁有最多清酒製造牌照的縣市，自然有可供旅人參觀的酒造（酒廠）。其中位在魚沼的「八海山雪藏酒造」值得一遊，簡潔的酒造外觀極有安藤忠雄風格，看似美術館，實際上是間集體驗、零售、參訪功能於一身的酒廠，最特別的便是天然「雪藏」。當地人在早期嚴冬時，特別興建雪屋存放積雪，當做天然冰箱，用以儲存食物，現則用來藏酒。眼前這座小雪山是前一年冬季從戶外搬入的雪塊，八海山酒造便是用這些巨型雪塊來降低室內溫度，以維持清酒品質。不過進來參觀可要有心理準備，畢竟身處天然冰箱內，不消五分鐘，就能把人凍得直發抖。

另一件有趣的事，就是來參觀八海山酒造前，聽說川端康成筆下那愛得徒勞的「駒子小姐」，有時會在酒造協助導覽，我一直以為駒子小姐不過是小說中的人物，想不到竟真有其人！不過想想，駒子若還在世，也該是一百多歲的人瑞婆婆了──原來，新潟縣湯澤地區每年都會舉行觀光大使「駒子小姐 Miss KOMAKO」選拔賽，每屆「駒子小姐」都必須在任期內協助宣傳當地觀光事宜。本次雖無緣一見，但得知在地結合旅遊與文學的宣傳活動，也算意外收穫。

在館方人員導覽後，也有機會品嚐八海山酒造的純米大吟釀，由於日本酒的相關知識太過浩瀚，不算懂日本酒的我，負責試喝即可，就不賣弄酒知識了。純米大吟釀冰涼入喉，果覺滑順無比。最後在酒韻微醺之中，來到「販售處」，人人以購買代替試喝，作為此行結尾。

＊飲酒過量有礙健康。在日本境內購買
酒類商品需年滿二十歲。於國外攜帶酒
類入境中華民國海關，請遵守相關規定。

❀ 八海山酒造
地點／新潟縣南魚沼市長森 1051
網址／ www.hakkaisan.co.jp

## 不再神祕兮兮，與古町藝伎同歡

既然提到了川端康成筆下雪國的「駒子小姐」，就不得不再提到她的藝伎身分。

江戶時代，新潟因港口而繁榮，位於新潟市中心的「古町」，當時與京都祇園、東京新橋並稱日本三大花街，但如今多數人只曉京都而不知新潟藝伎。京都與新潟的藝伎文化有些不同，京都藝伎傳統上不接「一見客」，也就是首度造訪的客人，必須透過熟客介紹方能招請藝伎。但在新潟花街買醉的人除了達官貴人、騷人墨客外，亦有不少是準備搭船出海的過客，在明日天涯兩茫茫的氣氛下，無論是否為初次見面，新潟藝伎都會將對方當做熟客，以精湛舞藝與歡樂的宴會遊戲款待，是為「新潟情緒」。

新潟古町在全盛時期約有四百名藝伎，隨著戰爭與現代化的演進，古町藝伎文化逐漸沒落，原本由「經紀人」負責打理一切的新潟藝伎也分散各方，到昭和年代後期，整個古町大約只剩百來名藝伎。為了振興當地經濟，新潟古町數十家公司集資成立「柳都振興株式會社」，招募這些流散的藝伎個體戶作為員工，同時培養年輕藝伎接班。所以有那麼段時間，新潟藝伎像上班族一樣，領薪水打卡上下班，相當有趣。

直到現在，新潟的藝伎仍被稱作「柳都さん」，乃因新潟市自古別名即為「柳都」，不但市區遍布柳樹，市樹亦為柳樹。不少台灣人看到「柳都花街」就開始胡思亂想，可千萬別

「舊齋藤家別邸」庭院景色四季分明。

到當地鬧笑話。時至今日，或許招請藝伎的文化真的不再興盛，「上班族」的體制終究無法讓古町藝伎文化迴光返照，如今整個新潟市區，在職藝伎只剩十二位。原以為都是退役藝伎重出江湖，經「柳都振興」人員解說，方知十二位藝伎中，只有三名留袖（已婚），其餘九名都是振袖（未婚），其實都是新生代，讓我訝異仍有年輕人願意投入如此辛苦的傳統行業。

雖然新潟藝伎以往只出現在酒席，但身為觀光客若也想與藝伎同樂，可造訪曾為新潟三大富豪的「舊齋藤家別邸」。這位齋藤先生是活躍於明治時代的大富豪，於一九一八年蓋了這座和風宅子與庭園，自住兼迎賓。目前經觀光單位整修後已經對外開放。在此可從各個角度欣賞和風庭園，特別是坐在榻榻米上，春櫻夏綠秋楓冬雪盡收眼底，非常適合一邊喝茶一邊賞景。

近年在新潟觀光單位規劃下，讓新潟藝伎於「舊齋藤家別邸」固定演出（詳見新潟觀光局網站）。每次活動都會有四、五位藝伎在場，兩位嬤嬤專職樂器演奏，兩名負責跳舞與玩遊戲助興的則是現役後輩。活動開演時，年輕藝

伎一身華麗和服演出日本舞蹈，在傳統歌謠與三味線的旋律中，展現隱約幽微卻又動人嬌媚的日本女性姿態。舞蹈演出結束後，藝伎會與客人一起玩「樽拳」遊戲，炒熱宴會氣氛。遊戲的玩法是配合節奏一邊敲打木桶一邊猜拳，輸的人轉一圈再猜下一輪，雖然大部分客人都轉得七葷八素，但室內充滿歡樂笑語，原來這

就是古人與藝伎同歡之樂啊。活動結束後還可以和藝伎交換名片與拍照留念，這次為我們表演的兩位藝伎是紅子（留袖）與君佳（振袖），總以為大家都喜歡年輕藝伎，實際看了一回，方感受到資深留袖的千嬌百媚，有別於初入行的振袖。紅子舉手投足間，處處呈現女性魅力，當然圓潤嬌酣的君佳，也自有其可愛之處。除了兩位現役藝伎，可別忽略一旁嬤嬤的影響力，當我訪談紅子、君佳時，可以感覺到她們每回答一個問題，都會先用眼神請示兩位嬤嬤，原來兩位嬤嬤除了演奏，平時也是訓練她們各項表演技能的「導師」，不怒而威的形象，讓人忍不住敬畏三分呢！

歡樂的互動結束後，館方會提供抹茶與和菓子讓來訪客人品嚐，當然這一切並非免費，全套行程從庭園參觀、藝伎表演、茶點品嚐，總共三千日圓，但名額有限，須至新潟觀光廳網站預約才能參加。

❀ 舊齋藤家別邸
地點／新潟市中央區西大畑町 576
電話／ 025-210-8350
單位／新潟觀光會議協會
網址／ www.nvcb.or.jp/tokushu/hanamachi

## 百年風華，新潟市港都古蹟小旅行

　　既然提到了新潟知名的古町藝伎，就不得不說說新潟市的歷史，與圍繞其上的古蹟小旅行。

　　首先還是得介紹一下「新潟市」本身，它與前面提到的「越後妻有」一帶大不同，由於臨日本海，不但是個浪漫美麗的水城，也是商貿繁盛的港都，更是日本國內臨日本海側與北陸第一大城。

　　新潟市以信濃川為界，分為南北兩側，信濃川以南為新城區，包括新潟車站、美術館、萬代購物戰區等；以北則為古町與政府機關、歷史文化建築所在的舊城區。新潟新舊兩城區間以萬代橋相連，而萬代橋與信濃川一帶，河岸兩側遍植櫻花，春季來臨時當真美極。即便在非花季前往，那青青楊柳的水岸景致，同樣讓人舒心澹然。

　　雖說住在新城區離新潟車站較近，但每次到新潟，我都還是選擇舊城區的飯店，原因無他，只為那港城悠悠古調。除了前面介紹過的「古町」藝伎，作為安政五年（西元一八五八年，幕府末期）首先開放的五大港口之一，整個新潟城市氣氛有著古都的典雅，兼具港口城市的樂天特質，而這樣的歷史背景，從當年建築便可窺見一二。

　　這當中首推白山公園內的「新潟縣政紀念館」，明治十六年（一八八三年）落成，作為「新潟縣會議事堂」使用，建築走廊仿英國國會議事堂而造，其優美的八角形塔尖為文藝復興時期式樣，內部還有當年自倫敦運來的會場大鐘，目前經修復後仍在運作著，整座紀念館是日本唯一現存、保留當時建築風格的設施，現為「國家指定重要文化財」。

新潟歷史博物館。

舊新潟關稅廳舍與石倉庫。

新潟縣政紀念館。

舊第四銀行住吉町支店。

由新潟日報展望室俯瞰萬代橋。

「新潟歷史博物館」也不能錯過，原為「新潟鄉土資料館」，內部展示眾多新潟港歷史資料。另外整個博物館的老建築還包括：一八五八年興建的「舊新潟關稅廳舍與石倉庫」，這是當年日本「五口通商」的城市中，僅存的一棟關稅廳舍建築，現為「國家指定重要文化財」；此外，一旁於一九二六年落成的「舊第四銀行住吉町支店」，見證了二十世紀初期的新銀行建築式樣，目前為「國家登錄重要文化財」。整個歷史博物館園區建築，從幕末安政時期，歷經明治、大正直至昭和時期的新潟歷史，不管是否入內參觀，都是值得一遊的景點。

新潟還有一樣「國家指定重要文化財」，不是屋舍，而是知名地標、橫跨信濃川的「萬代橋」。現在的萬代橋是「三代目」（第三代），建於一九二九年，長三百零六公尺，以花崗岩打造，特徵是六道拱橋環，形式相當優美。但萬代橋的歷史始於一八八六年，第一代與第二代都是木橋；可怕的是，那時的信濃川寬度是現在的兩倍之多，因此，萬代橋第一代的長度是七百八十二公尺，是當年日本第一長橋。有興趣的話，現在萬代橋頭與地下展覽館還看得見當年第一代橋的橋柱與銘板本尊，以及一些老照片。

行走於信濃川與萬代橋，一定會看到橋端的「新潟日報」高樓。而位於新潟日報二十樓的展望室，有著三百六十度的展望迴廊，能一眼看盡新潟的城市景觀，特別是信濃川與萬代橋。這天我正好遇上一年一度的新潟馬拉松活動，看見上萬人在萬代橋上奔跑，竟有莫名感動。而這擠滿選手、萬代橋兩端的馬路，正是江戶時期知名的「柾谷小路」，小路貫穿新潟市新舊兩城區，一直到港口為止，是當年新潟最重要也最繁華的陸路。過了橋往日本海側則是當代買醉的花街古町，也是前往港口出海的路。日本藝人美川憲一曾演唱〈新潟 Bruce〉一曲，說的就是走在柾谷小路上的心情，老一輩或聽過早期台語歌曲的人應有印象，就是知名台語老歌〈淡水河邊〉原曲。同樣的旋律，訴說台日兩大河岸城市的風光與心情，仔細想來，淡水港與新潟港在百年前的命運也相去不遠，或許這就是港口城市特有的氛圍吧。

✿ 新潟縣政紀念館
地點／新潟市一番堀通町 3-3
電話／025-228-3607
時間／開放時間 09:00 ～ 16:00
　　　週一、例假日公休
費用／免費入場

✿ 新潟歷史博物館
地點／新潟市柳島町 2-10
電話／025-225-6111
時間／開放時間 09:30 ～ 18:00
　　　週一、例假日公休
費用／入場費 300 日圓

✿ 新潟日報展望台
地點／新潟市中央區萬代 3-1-1（20F）
時間／開放時間 08:00 ～ 23:00
費用／免費入場

Explore
探索新潟市

新潟市歷史

美術館
西大畑公園

舊齋藤家別邸

西海岸公園

古町

護國神社开
新潟大學
青陵高中

萬代橋

干郵局

中央高中

白山公園

新潟縣政紀念館

万代小學

白山站

蔦屋書店新潟万代
蔦屋書店新潟万代文

矢島經島岩岸原始風光極為優美。

## 盆舟的魅力，
## 順遊神隱少女佐渡島

日本遺世獨立的祕島相當多，隔著日本海與新潟縣相望的「佐渡島」，是僅次於沖繩以外的第二大離島。島上有海拔千尺以上的高山，更有盛產稻米的佐渡平原，整個島的面積約有六、七個金門之大，行經佐渡市區時，道路兩旁大型Shopping Mall 林立，讓人一時難以感受身處島嶼之上。

從新潟港搭乘汽船只需一個小時即可抵達佐渡島，但在古代交通可沒這麼方便。都說新潟降雪量是出了名的多，位於降雪前線、又是離島的佐渡，比新潟更加孤寒寂寥，是古時流放異議人士的最佳地點。歷史上曾被流放到佐渡島的人，不少是有身分地位的貴族，包括順德天皇、日本能樂大師「世阿彌」、日蓮宗創立人「日蓮」等，讓佐渡島後來在藝術及宗教上留下了豐富的文化資產。

我想起《在天堂遇見的五個人》裡提過，每個人與他人的相遇都是有意義的，你之所以

活著，是因為有另一個人犧牲了。這些被流放在孤島上終老的人，生前應該不會想到，自己會成為造就日後佐渡文化的功臣之一吧。

直到江戶時代，佐渡島發現大量金礦，礦藏量居日本第一，因此德川家康表面上把佐渡島當作監獄島，說是避免外人進入，其實是利用犯人來替他挖金礦。對當時的日本民眾而言，佐渡島又被稱做「佐渡金山」，富有神祕而令人想一探究竟的距離美。

既然是島嶼，四周的海鮮產量自是不在話下，目前被當做觀光體驗活動的「盆舟」，正是佐渡特有的漁業工具。由於佐渡島南部沿岸的地形受到岩礁影響，在這裡從事漁業活動，划盆舟會比小船更有安定感，加上連個子嬌小的婦女也能輕易操作，因此從江戶時代開始，佐渡在地居民就習慣划這樣的「大澡盆」去採貝類或海藻。

原本只是當地居民使用的漁業工具，因宮崎駿動畫《神隱少女》而聲名大噪，成為觀光體驗活動。目前在佐渡島有兩處地方可以體驗「盆舟」，一處在佐渡最南端的「小木港」，由於是在一般汽船也能行駛的人工港內，雖然交通比較方便，但卻欠缺了點自然風情；另一處比較偏僻，在「矢島經島」的內灣區，此處地貌原始、風光優美，我覺得比起小木港的搞笑盆舟體驗更具風情。價格不一樣，小木港是一人四百五十日圓，人來就上；矢島這邊則是一人五百日圓且須預約，體驗時間大概都是十分鐘。

小木港的觀光盆舟體驗。

遊客到佐渡島幾乎都會參加的淘金體驗。

除了盆舟體驗，到了「佐渡金山」自然也要淘金，雖然咱們台灣九份金瓜石也有類似體驗活動，但在佐渡淘的是外國金，過程還是有趣的。幾乎每人都能淘到幾片小小金箔，裝在體驗館提供的試管中，可帶回家留念。

其實佐渡島上值得一遊的地方非常多，夕陽百景、鬼太鼓座、幾近絕種的國際保育鳥類朱鷺、本間家能舞台、白山丸節等，太多可訪可玩可遊的活動，值得花時間好好造訪。

眾多活動其中讓我印象最深刻的，便是「鼓童文化」，原來日本知名的「鬼太鼓」傳統祭祀便是起源於佐渡島，全盛時期有一百多個鼓團於佐渡島上活動，每逢廟會或祭典，戴著面具的鬼就會拉著舞獅、巫女或猿猴等角色陪襯造勢，為居民驅邪祈福，整個過程非常熱鬧有趣。三十年前有心人將佐渡島上鼓團整合起來，創辦「鼓童文化財團」，並請來國寶級歌舞伎大師坂東玉三郎指導，強化其藝術底蘊。清一色由年輕男子演出的「鼓童」，在力與汗的迸發與純鼓聲的靈性洗滌下，盡顯鼓手極致能量，也讓傳統的地方祭典表演，轉型為享譽國際的藝術表演。

這天在「佐渡太鼓體驗交流館」，由指導老師十河先生親自為我們示範教學，老師時而嚴肅時而搞笑，讓我們在學習過程中歡笑不斷，且十河先生身手極為俐落，完全不像五十多歲的樣子。

而傳統祭典中的鬼太鼓表演並未消失，仍舊會出現在廟會慶典中。這次造訪佐渡島，不但體驗了鼓童教學，也看到了傳統鬼太鼓的表演，更幸運的是遇上了某個地方廟會巡遊隊伍。在驅車前往「宿根木」集落的路上，遇見了貌似台灣陣頭的巡遊隊伍，但扮成獅子的老先生像喝醉般搖晃行進，還須旁人攙扶。這可引起我們好奇心，停車攀談之後方知，當天剛好是村內慶典，這群以舞獅為主的隊伍會到各店家祈福討吉利，店家也會準備茶水酒食招待。而那位走路不穩的歐吉桑，竟是在各店家巡遊一輪後喝醉了呢，實在有趣。

「鼓童」展現人鼓合一的力與美。　▼▲兒童在廟會祭典扮演重要角色。

提到了「宿根木」集落，這恬靜的造船小鎮是整個新潟縣唯一的國家重要傳統建物群保存地區，原來當年佐渡金山熱絡了往來新潟的航道，當時的造船工匠大都聚居在宿根木集落，集落內木屋數量多達百間，不少還保留至今。這些木屋雖算不上豪華氣派，但做工極為上乘，木與木間只靠卡榫相接，讓房子即使經歷百年風雨仍屹立不搖。目前村內尚有近六十戶人家，部分民居更開放參觀。在集落內穿街走巷，我像時光偵探，靜靜造訪這悠遠的港町時空。

百年歷史的「港町」——
宿根木集落。

「花の木」豪邁的海鮮餐食。

❀ 盆舟體驗（力屋觀光汽船）
地點／佐渡市小木町 184
電話／0259-86-3153

❀ 盆舟體驗（矢島體驗交流館）
地點／佐渡市両津湊 353
電話／0259-27-5000

❀ 佐渡太鼓體驗交流館
地點／佐渡市小木金田新田 150-3
電話／0259-86-2320

❀ 佐渡淘金體驗
地點／佐渡市西三川 835 番地 1
電話／0259-58-2021

❀ 花の木古民家餐廳
地點／佐渡市宿根木 78-1
電話／0259-86-2331

❀ 本間家能舞台
地點／佐渡市吾潟丙 987
電話／0259-23-2888

　　鑽完集落，特別推薦集落村口的「花之木」（花の木）古民家餐廳，房子本身就有一百五十年歷史，主人將其裝修，改造為民宿與餐廳。我當時只有用餐，並未住宿，雖覺得有點可惜，但好在餐點豐盛滋味鮮，一人一隻松葉蟹的豪氣讓我留下深刻印象。仔細回想這佐渡日子，挖金礦、打太鼓、賞鬼舞、吃豪氣，彷彿一切都充滿了力與美，讓人回味許久。但要說有什麼遺憾，便是未能欣賞到在地「能樂」演出，因佐渡島除了太鼓表演，能樂發展更是蓬勃，全日本八十座能舞台，其中三十二座在佐渡島，可惜這一路上我只能望著空蕩的能舞台——特別是明治十八年興建的「本間家能舞台」，為佐渡島上地位最高的能舞台——心中暗自期望，有朝一日定要再度造訪此地，好好欣賞整齣能樂表演。

日本能樂文化最盛之地 —— 佐渡島。

花之木
古民餐廳

力屋觀
光汽船

开 神子岩神社

佐渡太鼓體驗交流館

矢島體驗交流館

开 熊野神社

佐渡淘金體驗

卍 蓮華峰寺

▲ 荒磯山

卍 宮本寺

▲ 笠取山

■ 尾畑酒坊/真野鶴

太運寺 卍   安國寺 卍

▲ 丸山

卍 東光寺

郵局

加油站

畑野小學

飯出山 ▲

牛尾神社

Explore
探索佐渡島

▲▲
大地山

开風宮神社

开白山神社

金北山

开高千中學

佐渡空港

兩津港

〕家能舞台

平松戴山

开八幡神社

开兩尾小學

郵局

N

# Part 3
## 遍地開花的藝術市鎮

物哀、風雅、幽玄、空寂⋯⋯
看似隱晦艱深的日本美學精神，
卻不必然是曲高和寡的孤獨旅程。
打開心與周遭連結，
方知存在是美、流逝是美、創造是美、毀滅亦是美。
做好隨時與美麗相遇的心理準備，
旅行途中，俯拾皆是藝術⋯⋯

# 隨時都能開展的美學紀行

前面兩大藝術祭都是三年舉行一次，但藝術祭之外，在日本其他地區，是否也有機會與藝術相遇？

答案當然是肯定的，以東京都來說，整個日本美學與文化養分，無一不透過東京這個一級城市與國際接軌。只是每當進行一趟跟藝術相關的旅行後，都會發現當下的撼動雖來自藝術家或藝術品本身，但事後的發酵，卻經常是因為展覽本身的「態度」。且當對藝術創作的敏銳度打開後，更容易發現在展覽之外，隨處可見的文化創意與生活美學本質。

文創以及文化藝術產業的本質，應該是以「人」為主，是人們生活、思想與價值觀的呈現，「商品銷售」則是最後的附加價值，而非本質。如果只是「買商品」，那我們何須上山下海、出城入鄉，進行這樣的美學之旅？商品背後與人的故事，如果只是為了包裝而被創造出來，那麼是否深入產地，與製造者創作者互動，就一點也不重要了。

我們千里迢迢地前往產地旅行，哪怕只是看一眼棚田稻浪，聽醬油發酵的聲音，就已覺得此行不虛，更別說如果有機會與農夫職人說上幾句話，該有多麼感動……是啊，包裝上的文字寫得再動人，網頁上的故事說得再動聽，都比不上直接走一趟，親見當地的土地與人們。

正因相同的文化與生活經驗，同一地區的居民會產生共同的思想與情感，再藉由藝術家的「創意」，運用生活中的元素創作出作品或生產出商品，最後的銷售與展覽，只是「規模化」的問題。商品若能激發出旅遊動機，或許就是對產品背景的好奇心，一種「好想到當地走一趟，去理解那樣的商品或創作，是如何被形塑出來」的熱情。

兩大藝術祭讓人產生「越境」與「跳島」的想望，但在這兩大藝術祭外，日本各地也有著各式各樣的藝術活動，它們可能源自於一個巨大的都市計畫，可能來自一座鄉間美術館的影響，或只是因為當地政府的其他規劃……無論什麼原因，他們都以「藝術」作為媒介與手段，讓一個地區的生活與藝術融合，無論是住在當地的居民，或來造訪的遊客，都能透過當地的美學養分而有所收穫。

就出發吧，即便不是大規模的藝術祭，在日本許許多多的城鄉中，也能隨時展開一場與美學相關的旅行。

# 東京，六本木文化藝術金三角

　　只要提到以公共藝術打造創意城市的案例，很多人都會想到東京「六本木文化藝術金三角」。建築界、都更界、文藝界⋯⋯對此已分析、探討過成千上萬次，但對旅人而言，美好的景點就是會想一去再去啊！東京「六本木文化藝術金三角」成功將六本木從夜店酒吧區變成東京、日本的藝術文化重鎮，讓人每每去東京都必定來此更新文化藝術資訊。

「六本木文化藝術金三角」景點分據三大區域，在地圖上成為三角形：

> 六本木 Hills：森美術館、森大樓、森花園、東京 City View 展望台、朝日電視台等。
> 東京中城：中城大廈、東京麗思卡爾頓飯店、三得利美術館、21_21 Design Sight 等。
> 國立新美術館。

# 六本木 Hills

在介紹這些藝術景點前，得先提到六本木區域的歷史，二戰期間原設有軍事設施，戰後被駐日美軍接收，大量美軍進駐加上外國使館設置，六本木因此開設許多為外國人而設的各類店家。後來大量迪斯可舞廳、酒吧甚至特種行業紛紛在此開業，讓六本木逐漸成為與外國人相關的夜生活區域。

二〇〇三年，隸屬於「大型都市再開發計畫」的六本木 Hills 完成後，以高達五十四層的森大樓為主，包括森美術館、森公園、東京市景觀瞭望台、朝日電視台總部等陸續成立，整個區域是為「六本木 Hills」，之後帶動六本木城市景觀翻新，不但成為企業辦公室及高級消費場所林立的地區，亦是「金三角」中最早成立的區域。

## 森大樓與森公園

森大樓一到六樓是購物中心與餐廳，頂樓六層為森美術館、東京 CityView 展望台，中間的四十三層樓則為辦公室。有趣的是，雖然森大樓才是六本木 Hills 的核心建築，但若提到此區地標，很明顯的是這隻位於森公園入口的黑色大蜘蛛，除了是知名約會見面點，每逢重大節慶，美麗的燈飾與各種 Cosplay 遊行也都會在此舉行；直到現在，不少旅遊媒體介紹六本木時，都還會以這隻蜘蛛為主圖呢！

最近一次前往六本木 Hills，剛好是二〇一五年底萬聖節，東京人原本就非常熱衷於這個節日，剛好又遇到假期，街上各種搞怪造型更是全都出籠！當時這個大蜘蛛底下的「小丑」因為表情與扮像太過逼真，真是嚇人一大跳呢。

從各地的公共藝術案例都能發現，只要是能感動人心的作品，力量就會渲染，讓周遭居民發揮出潛藏的藝術特質，像直島因為草間彌生南瓜，帶動本村居民也畫起各種「民間南瓜」。而六本木 Hills 成立到現在十多年，東京人早有共識，在六本木舉行任何活動，就是要有好的創意或藝術成分！看看這個女孩在街上免費派送的南瓜塑膠袋，竟然是垃圾袋——

森花園一隅。

原意是希望每個參加萬聖節遊行的人都能順手把垃圾打包回家，結果因為裝滿垃圾的袋子會變成可愛的南瓜造型，反而讓往來民眾爭相索取。小小的創意不但淨化了街道，就連清潔隊來收垃圾時，看到家家戶戶門口全是黃澄澄的大南瓜時，心情應該也會很好吧！

## 森美術館

位在五十三樓的「森美術館」，以性質來說與其他美術館並無太大不同，由於並無常設展，人們通常以當下展出內容決定是否參觀。不過，森美術館最與眾不同的一點就是「閉館時間」，在其他美術館大都只開放到下午五點時，森美術館卻是直到晚上十點才閉館，目的就是希望讓上班族能在一天工作結束後，也能輕鬆地親近藝術。

## 東京 City View 展望台

「東京 City View 展望台」位於森大樓五十二樓，雖然並非東京最高樓層，但因為地理位置絕佳，能就近欣賞東京鐵塔與三百六十度俯瞰東京城市景觀，天氣好時還能遠眺橫濱、成田甚至富士山。若想感受天人合一的情境，頂樓露天的「Sky Deck」也值得一遊──但既然都說了是露天，天氣好時可在藍天白雲下盡享制高美景，還能夜賞銀河星空，天氣不好時吹風淋雨則是常態。而且「Sky Deck」會根據天候狀況決定是否開放，因此要有心理準備，不是每次上去都能成功登頂喔！

檜町公園內的「積木廣場」。

# 東京中城

　「東京中城」（Tokyo Midtown）於二〇〇七年建置完成，是全日本規模最大的複合式建築，儼然成為一個獨立城市，如非親眼見到，實在難以相信其規模之大。

　整個中城園區除了東京最高建築中城塔（Midtown Tower）外，還包括了獨立建築安藤忠雄的21_21 Design Sight，以及裙樓如餐廳廣場大樓、三得利美術館、東京中城住宅區與豪景區等。此外，最受六本木居民歡迎的中城櫻花公園與廣達四公頃的檜町公園，不管假日與否，都吸引不少帶著寵物、小孩的居民駐足。此外，中城塔本身就包含了東京麗思卡爾頓飯店、東京中城醫療中心、東京中城設計中心、東京中城會議廳、各大企業辦公室等。

雖說中城塔是東京都內最高建築物，卻沒有設立展望台，大廈最頂端的五十四樓是機械室，一般訪客無法進入。因此逛「中城園區」，重點就放在藝術成分最重，也是離地表最近的區域吧，你會發現處處有芳草！

## 三得利美術館

要說整個中城跟藝術的關係，三得利美術館與 21_21 Design Sight 自然扮演重要角色。成立於一九六一年，作為知名酒財團附屬的三得利美術館，以三千多件藝術展品深耕美術界多年，直至二〇〇七年東京中城成立後才遷至現址。以性質來說，是較為傳統的美術館，但其珍貴價值就在於多年來的展覽主軸，堅持呈現與保留日本傳統藝術之美，且三得利特別在館中設置「茶道房」，就連紀念品店陳列的皆是印製日本傳統元素的生活用品。因此從極為現代中城商場走進三樓的三得利美術館時，還真有回到千百年前的穿越感。

## 21_21 Design Sight

21_21 Design Sight 整個場域由三宅一生財團主導，建築則委由安藤忠雄設計。場域功能簡單，只傳遞「設計」一個概念，且非單向傳遞，除了希望在這個空間裡，讓設計師與民眾有互相對話的可能，更以此為設計基地，向全世界傳達日本的設計精神。建築方面安藤仍以清水模為主要工法，但正面看去，大面積的複層玻璃及鐵板屋頂更為吸睛。乍看面積不大的建築，實際上絕大多數的空間都埋在地底——還記得瀨戶內海那些與安藤忠雄有關的美術館嗎？幾乎每座都有地底空間，看來他還真喜歡打造地下城啊！

除了兩座美術館以外，將藝術融入生活空間，一直是整個「六本木文化藝術金三角」的核心思想。在所有能見到的室內外空間，不時舉行各種設計展，有些展品因為太過融入生活，不仔細瞧的話還以為是固定遊樂設施呢。像是二〇一五年的「Tokyo Midtown Design Touch」展中，檜町公園草皮上，那吸引大人小孩穿梭其中玩樂的作品，便是知名建築家限研吾帶來的「積木廣場」，這些都不是高高供起來欣賞的創作，而是完全與在地民眾產生互動，非常親切的設施。此外，無印良品找來深澤直人等著名設計師，在檜町公園打造名為 Muji Hut 的小屋計畫。五棟迷你小屋，尺寸可愛功能齊全，雖是概念展，但實際上可執行的小屋計畫，的確非常適合寸土寸金的大都會。此次造訪中城，原本並無預期會前來觀看這一年一度的設計展，卻有如此意外且豐富的收穫。是啊，旅行不一定要刻意安排與藝術或設計相遇，但既然偶然相逢，便好整以暇，好好享受一場設計感十足的中城午後時光。

無印良品 Muji Hut。

中城塔。

## 國立新美術館

　「六本木文化藝術金三角」的最後一角，便是與東京中城同一年開幕的「國立新美術館」（THE NATIONAL ART CENTER, TOKYO），也是金三角中唯一由國家成立、全日本最大的美術館。

　因為是國家級美術館，館內展品在一定程度上須具備未來性——也就是新美術——這些展品不只是顛覆過去，更必須要有能力創新，呈現未來美好生活的追求、想望及全新

Photo：Wiiii

的生活價值與方式。此外，國立新美術館的成立概念是「森林中的美術館」，除推廣舉行美術展覽、美術教育美術……等功能外，為了讓更多民眾願意走入美術館，館內特別設了面積不小的周邊商店、餐廳、咖啡廳等設施。乍看之下好像只是藉由周邊其他設施來吸引民眾走進美術館，事實上國立新美術館認為美食、休憩、時尚、生活設計等領域也是藝術的一部分──其實在世界各地的美術館，也都越來越生活化，為的就是讓民眾能在美術館中獲得綜合性的藝術趣味。

回到旅行上，其實國立新美術館的建築本身已值得一看，這座由名建築師黑川紀章設計的建築物，工法艱困，兼具日式禪意與未來感，無論是否買票看展覽，美術館內外都有很多可看之處，並不是只有某個特別的素材或角落，而是整體空間的能量感，像是連接未來與現在的轉運站，讓人久久不捨離開。可惜黑川建築師在完成這件曠世巨作後便辭世，無緣聽見更多民眾與遊客對建築本身的讚嘆。

❀ 六本木 Hills
地址／東京都港區六本木 6-10-1 森大樓 2F
電話／ 03-6406-6000
時間／開放時間 10:00 ～ 21:00

❀ 森美術館
地址／東京都港區六本木 6-10-1 森大樓 53F
電話／ 03-5777-8600
時間／開放時間 10:00 ～ 22:00（週四僅開放到 17:00）
票價／依展覽內容有所不同

❀ 東京 City View 展望台
地址／東京都港區六本木 6-10-1 森大樓 52F
（售票處在 3F）
電話／ 03-6406-6652
時間／開放時間 10:00 ～ 23:00（Sky Deck 11:00-20:00）
票價／ 1800 日圓（Sky Deck 加 500 日圓且不單獨販售）

❀ 東京中城
地址／東京都港區赤坂 9-7-1
時間／開放時間 諮詢處 9:00 ～ 18:00
（商店餐廳則依各店規定）

❀ 三得利美術館
地址／東京都港區赤坂 9-7-1 GALLERIA 拱廊街 3F
電話／ 03-3479-8600
時間／開放時間 10:00 ～ 18:00（每週四公休）
票價／門票依展覽內容有所不同

❀ 21_21 Design Sight
地址／東京都港區赤坂 9-7-1
電話／ 03-3475-2121
時間／開放時間 10:00 ～ 19:00（每週四公休）
票價／門票 1100 日圓

# 代官山，
# 店面就是公共藝術──蔦屋書店

公共藝術應該不限於雕塑繪畫類的美術作品與建築，足以影響一個地區生活方式的店家，應該也可以算是公共藝術吧？

被美國知名網站 Flavorwire 票選為全球二十間最美麗的書店之一後，位於代官山的蔦屋書店自此爆紅。但其實蔦屋書店早在一九八三年就已成立，第一家店位在大阪。有趣的是，不少人都以為「蔦屋」二字取材江戶時期，以推廣浮世繪印刷品著名的「耕書堂」老闆蔦屋重三郎的名字，認為蔦屋書店以此向日本出版產業致敬。但據創辦人增田宗昭說，真正原因沒那麼深奧，「蔦屋」是他祖父曾開過的藝伎館，他不過沿用家族事業店名，如此而已。

蔦屋書店於二〇〇三年與咖啡店做異業結合，希望能提升書店的附加價值，甚至為此拉長營業時間，希望創造更舒適的閱讀場所。這樣的書店型態，身為台灣人的我們其實不陌生，像是部分誠品書店二十四小時營業，金石堂書店也附設餐飲，讓書店多了更多可能性──在這點上，台灣書店業者並不亞於日本；但若想成為一個地區的生活重心，甚至左右都會人的生活方式與態度，也許能再參考看看蔦屋書店的實例。

代官山蔦屋書店的建築與裝潢早已為許多人讚賞，但最特別的一點，是書店身在大都會區卻不隱身於大廈裡，而是獨立建築。在代官山蔦屋店內，依然能感受到周遭環境四季的更迭，窗外那原本就存在的一樹櫻花與草皮上的新綠，在春季恣意地搶奪店內風景，卻無人責怪它們的跋扈。

其次是書店員工的專業度，店內三十個專業職人在不同書籍領域上各有所長，通曉日語的旅人，可盡情詢問職人們關於書籍的任何問題──這樣的重責大任，絕非時薪工讀生所能負擔。另一個貼心之處，是蔦屋書店的書籍，大都不用塑膠封膜地任人翻閱，加上可飲食的舒適座位區，自在到讓人無法不久留。

很多人想盡辦法想取得蔦屋書店成功的祕方，想了解他們如何影響一個地區人們的行為，結果都無法得到答案。原因就是蔦屋書店反其道而行，雖然在代官山丘陵上蓋起系列建築，但他們盡可能不控制、不設計，不以外來植物形塑那原本不存在的風景，盡量維持在地原貌。只有當自己自然地成為在地之一，而非粗暴地介入，才能開始融入、影響。

## 閱讀之外，瀏覽三個代官山蔦屋書店之祕

### 既分開又集合的雜誌街

因代官山地區對建築高度有所限制，樓層不得超過三層，於是代官山蔦屋書店便由三棟兩層樓高的獨立建築所組成，再透過雜誌街（Magazine Street）串連彼此。在平面圖上看來似乎是獨立的一條雜誌街，但實際進入，會認為每個館每個區都有雜誌。這與多數書店將雜誌獨立為一區的作法不同，蔦屋書店讓雜誌屬性跟著該區書籍走，也就是同一類型的雜誌與書籍都歸在一起，方便讀者尋找相同性質的出版品。

### 德川家的「巨石」

二〇一一年代官山蔦屋書店動工時，在地基處挖出一批巨石，經查證極有可能為江戶時代水戶德川府豪宅庭園使用的造景石，書店決定將巨石們盡可能放回原處，繼續原有的造景任務。下次經過時，可好好欣賞，那曾身為德川家一份子的美麗風華。

## T-Site 生活區

　　總說蔦屋書店打造了代官山的生活態度，絕非只是增加其他類型商品的專櫃而已。在三棟書店後方有另一商業店舖區，散落在四千坪綠樹之間，這區便是「T-Site」。想當然爾一定有咖啡廳、餐廳，但除此外還有相機店，獸醫、單車店、玩具店……等休閒相關店舖，完全符合代官山居民的需求。想看書的人大可窩在有著三百二十個座位的書店區好好享受閱讀時光，而只想散步溜狗的居民，亦能在此「公園」閒晃。蔦屋書店就是這樣形成一個獨特自在的風景街區，也是創辦人增田宗昭打造「代官山森林度假村」的夢想體現。

地址／東京都涉谷區猿樂町 17-5
時間／營業時間 1F 07:00 ～ 02:00、2F 09:00 ～ 02:00

# 神奈川縣，
# 橫濱黃金町藝術市集

再怎麼光鮮亮麗的城市，或多或少都有一段灰暗的歷史，位在橫濱的「黃金町」，便曾是橫濱市難以忽略的灰色地帶。「黃金町」位於電車京急線「日出町」至「黃金町」站之間的狹長地區，由於高架橋的遮蔽，橋下與兩側的窄小巷弄，曾是橫濱的大毒瘤。

二戰後，美軍接收了橫濱市港灣設施與民宅土地等作為整頓基地。當時的黃金町雖免於被接收，卻因與被接收地區只相隔一條小河，在那段戰後物資困頓的時代，黃金町漸漸聚集許多以美軍為主要顧客的飲食業勞動人口，同時也帶進了許多以港口勞動工作為主的外地男性。美軍、男性、流動人口的聚集，讓黃金町逐漸成為非法賣春與毒品聚集的罪惡之地，惡名遠播至全日本。無論是橋下、兩旁街道，放眼所及幾乎全是粉紅色霓虹燈箱，代表無數風俗店。日本電影大師黑澤明曾在電影《天國與地獄》中，將黃金町描述為一個充滿黑暗與絕望的麻藥世界。直至今日，「黃金町就是風化區」的印象，仍存留在部分日本成年人的腦海中。

幾十年來，橫濱市一直都想整頓黃金町，取得二○○九年世界花博展主辦權後，日本與橫濱市政府再也無法容忍這塊都市之瘤，開始大刀闊斧整頓。原本計畫是希望藉由興建大型商業設施，來驅逐風俗產業與暴力集團相關人口，但九○年代日本經濟大蕭條，大型商業設施的經濟效益無法成為當代都市計畫最佳考量，因此始終沒有執行。直到二○○四年，橫濱市再度推出都市計畫，以「創意城市政策」（Creative Yokohama）出線，一直規劃到二○五○年。在創意主軸下，橫濱市政府開始積極整頓市內文化設施，「黃金町」亦為計畫的一部份。

橫濱市政府最後決定將黃金町規劃為以「藝術與社區共生」為目標的地區，拆除橋下所有非法店家，嚴格取締區域內的暴力集團與賣春團體，並由京濱急行電鐵出資，將鐵道高架下的空間重新翻修，規劃為藝術活動空間，再由橫濱市政府出面租借十年。

二○○七年黃金町藝術市集計畫名稱正式決定為「Koganecho Bazaar」（黃金町バザール），為了得到當地居民的理解與協助，由黃金町藝術市集委員會以及橫濱市政府舉辦了說明會，讓藝術家與居民進行藝術思考與點子的交換。策展人山野真悟強調，藝術與日常生活事實上並沒有明確的分野，因此計畫的場域就在黃金町的街頭巷尾，而非美術館畫廊空間，並將視角擴展到日常生活的食、衣、住、行等面向。在駐村期間，所有藝術家都必須與當地居民互動，在作品之外也必須貢獻一點什麼，不少藝術家還帶來家鄉的美食與黃金町居民分享──這個行為背後的意義，就是「不是把民眾叫過來認識藝術家，而是藝術家必須融入當地生活」。

　　雖然理想如此，但真實情況是「並非每個藝術家的作品都會被當地居民接受」。曾有位西方藝術家做了粉紅燈箱，意圖呈現黃金町曾有的歷史，批判意味較濃厚，讓當地居民極度反感，認為他們花了多少力氣才將這些「粉紅燈箱」產業趕出去，結果藝術家又提醒大家這件事……站在藝術的角度，沒有對或錯，一個地區的歷史原本就不該被刻意遺忘，但黃金町的目的原本就是社區改造，因此尊重居民的意見還是必要的。

黃金町的作品非常集中，就在空屋與橋下空間，多為小型室內創作。就規模而言，不能用來與前述兩大藝術祭作比較——但來到黃金町，重要的事看都市發展中社區居民對於擺脫歷史包袱所做的努力，也感受藝術家們是如何融入社區。

　　至於參觀路線與區域分類，我個人覺得官方分類雖然詳細，但其實也不用太過按圖索驥。通常人們就是沿著高架橋兩側，從日出町站走到黃金町站，再從高架橋另一側折返回日出町（或相反路線，從黃金町站出發至日出町站再折返亦可），頂多再繞去河岸邊看看風景或其他零散作品。我認為不用太執著區域標示，可隨興所至參訪。

## 黃金町走跳重點

　　雖然黃金町每年有固定展出期間，且多為固定展域，以空屋、橋下等固定「白盒子」（White Cube）為主。但非展期時，部分空間亦長期提供給藝術家創作展出使用，或作為藝術家駐點辦公室，亦不時有個別展覽或活動舉行，因此非展期也值得一遊。

### ❀ BUCHI MOKKOU（ぶち木工）

　　從日出町站走進黃金町，橋下右側第一間就是木工職人西村真人的工作室，很容易就能看到西村先生工作的身影。他除了參加黃金町藝術市集，平時就是在此工作，每天琢磨木料，善用木料溫潤的特性，為生活增添更多自然手感。作品以食器、文具為主，在樂天等網路商店都能買到他親手打造的作品。至於現場是否有現貨購買，則需看機緣。

地址／初音町 1-18-3（高架橋邊民房）

### ❀ 階段廣場（かいだん広場）

　　從日出町站進入黃金町藝術市集時，位於橋下的「階段廣場」是非常醒目的區域，這個在有需要時可作為各種講座、集會、演出的小型廣場，因位於橋下，不受烈日雨雪干擾，即便在沒有特定活動時，也能成為附近居民聊天休息之處。

地址／黃金町 1-2 番地（高架下）

### ❀ 高架下集會場

距離「階段廣場」不遠處的「高架下集會場」，是黃金町許多導覽活動的起始處，不少與民眾互動的活動亦在此舉行。這次前往時看到的是小朋友的繪圖活動，畫下心中對黃金町藝術市集的感想與想像，看到貼在門口天馬行空的畫，或許藝術種子也就此播下。

地址／黃金町 1-2 番地（高架下）

### ❀ 「試聽室」漫畫咖啡店

是東京神保町「試聽室」在橫濱黃金町的分店，賣咖啡也賣簡餐，但空間裡一定濃度的宅味，來自牆面書櫃上滿滿的經典日系漫畫，現場可翻閱。不過同一個空間內，鋼琴、老唱片、舞台上的爵士鼓，加上櫃檯旁的作曲設備，也明確呈現店主的搖滾喜好。舞台空間不時有樂團或各類型表演演出，可留意官網的活動公告。

地址／黃金町 2-7 番地（高架下）
電話／045-251-3979
時間／12:00 ～ 20:00
網址／shicho.org

「試聽室」漫畫咖啡店。

### ❀ 黃金町 AIR Open Studio（オープンスタジオ）

由橫濱美術大學所經營的「HAMABI AIR」，每年除了讓橫濱美術大學學生在此舉行展覽外，也不時作為黃金町其他展覽的展出空間。而大面積透明玻璃與顯眼的「AIR」字樣，時常成為黃金町的地標景點。

地址／黃金町 2-7 番地（高架下河岸側）

❀ 黃金町管理中心
地址／橫濱市日出町 2-158
電話／ 045-261-5467
交通方式／自橫濱站搭乘京急線至「日出町站」步行 5 分、或「黃金町站」往回走步行約 8 分鐘
JR ／地下鐵「櫻木町站」徒步 15 分
JR「關內站」徒步 15 分
地下鐵「伊勢佐木長者町站」徒步 10 分

# 青森，不只有蘋果

提到青森，腦海中浮現的念頭便是那一顆顆碩大甜美、紅艷欲滴的蘋果。位於日本本州最北端的青森縣，雖然長年氣候苦寒，卻孕育出極美的北國鄉間風光，也成為日本蘋果產量最大的地區。在蘋果以外，美景獨特的奧入瀨溪、十和田湖、津輕海峽、弘前城等自然風光與人文景觀，一向為青森縣民所自豪；此外，世界最長的大山櫻花街，世界遺產「白神山地」等，也是旅人不可錯過的景色。

以自然原始景觀聞名的青森縣，近年卻出現了建築造型前衛、作品風格強烈的美術館，雖與質樸的鄉村風情形成鮮明對比，卻毫不突兀。分別於二○○六、二○○八年開幕的青森縣立美術館與十和田市現代美術館，雖然都以一塵不染的白色為基調，但一座簡潔到與雪國遺跡融為一體，另一座則將雪原小鎮點綴成童話世界。兩座美術館均洋溢當代藝術氣息，加上大師的作品加持，短短幾年內成為青森縣內極具人氣的兩大藝術景點。

## 冷冽寒雪中的青森縣立美術館

位在青森市市郊的青森縣立美術館，是由建築大師青木淳擔綱設計，造訪時正逢隆冬大雪，這幢地上、地下各兩層的建築物，完全融合周遭積雪景觀。由於美術館旁是日本最大的繩文時代聚落遺跡，因此美術館所呈現出的造型，就像大雪覆蓋於考古現場的意象。對比下一段要介紹的十和田美術館，青森縣立美術館給我的感覺就是「孤」——視野所及全為灰白景象，唯一的色彩是那美術館外牆上，淡藍色的 LED LOGO。也許是天色已暗，那整片孤寂卻灰暗的雪白，有種「念天地之悠悠，獨愴然而涕下」的蒼涼，讓人想隱然而去。

唯一讓人在獨特的寧靜中，仍能感受到些許溫度的，便是那具神祕氣息的白色大狗「青森犬」，此超人氣作品出自藝術大師奈良美智之手。這隻高達九公尺的青森犬，從館外無緣得見，非得買票進館，並在館內如碉堡般的樓梯上上下下，再經過如壕溝般的小徑才能一見。這天雪太大了，館方封閉了戶外通道，當下館內亦無其他遊客，我在室內隔著玻璃與犬對望，起初以為大狗如聶隱娘般孤寂，仔細一看，他頭頂上的積雪，恰如泡湯男子放在頭上的小毛巾，食盆也像是浮在溫泉水面上的小木盆，明明該是冷冽的孤寂感，突然變成暖洋洋的泡湯氛圍，這作品療癒力量太大了，難怪如此受人喜愛。

奈良美智是青森人，他為青森縣立美術館打造的作品，除了這隻鎮館之寶「青森犬」，還包括木頭小屋與八角堂。從木頭小屋的不同小窗向內窺探，數隻方向各異的夢遊犬、表情或慧黠或黯然的大眼娃，各種姿態像是奈良美智本人的異想世界，而這些內心小空間又能組成一件大作品，穿梭其內，像是意外夢遊的愛麗絲，遊走在奈良美智所打造的可愛魔境。

奈良美智「青森犬」。

©Yoshitomo Nara

青森縣立美術館。

## 雪地開花的十和田現代美術館

前面說了青森縣立美術館給我的感覺是「孤」，那麼十和田現代美術館則是「火」，如同雪地上的萬花齊放，火一樣地點燃北國的狂熱內在。

青森縣十和田市是個人口只有六、七萬人的小市鎮，明治時期作為軍馬養育所，專門為天皇與軍隊培植馬匹，逐漸發展出許多與馬相關的經濟活動。這個與馬有關的地區，讓日本政府在二〇〇五年時推出一個龐大的驚世計畫「Art Towada」，希望將十和田市變成一座藝術之都，讓整個十和田市的本身成為藝術作品。具體的作法，是在市中心約十一公里長的路段上，邀請世界各地知名藝術家前來「擺陣」，目前已完成的進度就是十和田現代美術館、藝術廣場、安藤忠雄「十和田教育廣場」，與隈研吾的「十和田市民交流廣場」。

Yoshitomo Nara "YOROSHIKU GIRL 2012"
奈良美智「請多指教，女孩 2012」

由建築名家西澤立衛、妹島和世共同成立的建築設計事務所 SANAA 所打造的「十和田市現代美術館」，由十六個大小「白盒子」（White Cube）組成，目前共有三十三組大型作品，雖然建築造型同樣走極簡風，卻因館內外作品互動性高、童趣十足，加上門口那隻搶眼花馬「Flower Horse」，讓十和田現代美術館在一片雪白中仍能處處繽紛。

「Flower Horse」由韓國藝術家雀正化所打造，鮮豔奔放的色彩，在雪白的美術館前成為醒目象徵，亦為十和田現代美術館代表作品。看著這匹花馬，很容易令人吟起李白的將進酒

「五花馬，千金裘，呼兒將出換美酒，與爾同銷萬古愁。」詩說的是一醉方休的情境，但花馬太可愛了，讓人沒空喝酒，與爾同銷記憶卡倒是真的。

美術館入口處一旁的白色建築，牆上一眼就能認出是奈良美智的大眼娃，畫作名稱很有趣叫「請多指教！女孩 2012」（夜露死苦ガール 2012），唸起來都是日文的「請多指教」（よろしく），但寫成漢字「夜露死苦」是日本暴走族常見的作法。雖說如此，作品中卻看不太出來有暴走意味，可能是因為這大眼娃怎麼看都可愛呢！

Noboru Tsubaki "aTTA"

Michael Lin "Untitled"

Do Ho Suh "Cause and Effect"

室內作品則有幾件較為嚴肅，由韓國藝術家徐道穫創作的「CAUSE AND EFFECT」，遠看像件巨大水晶燈，細瞧才發現是由幾萬個塑膠小人所堆疊出來的作品，象徵生命的輪迴與因果；日本藝術家椿昇的巨大紅螞蟻「aTTA」則反思生化科技的失控；西班牙藝術家 Ana Laura Aláez 的「光之橋」（光の橋）像是個冥想世界，卻又巧妙連接館內外的視線，讓美術館作品不再神祕。

美術館餐廳地板也是藝術作品，但這花色讓人好生熟悉，原來這是台灣藝術家林明弘的創作。他將餐廳地板想像為床鋪，上面鋪著青森傳統工藝的「南部裂織」床單，再將日本櫻花式樣與台灣傳統花布結合，希望用餐人能有如躺在家中床上的自在溫馨感。不知道是不是北國生活的白色看久了讓人孤寂，這十和田現代美術館裡裡外外都呈現了爆炸般的熱力，如同青森人的溫暖內心。

地址／青森縣十和田市西二番町 10-9
電話／0176-20-1127
門票／特別展 510 日圓、常設展 600 日圓，兩票合購 1000 日圓
時間／09:00 ～ 17:00（週一公休）

## 藝術廣場 Art Square

　　與美術館門口花馬隔街互別苗頭的，便是那更搶眼的藝術廣場，草間彌生的作品「永遠的愛，在十和田唱歌」（愛はとこしえ十和田でうたう），從南瓜、草菇、女孩到狗兒，無一不是草間彌生的點點風格。黃南瓜與直島宮浦港口的紅南瓜一樣都走扁胖造型，進入南瓜內部還能看到彩色點點光影投射，更添魔幻意味。大師的作品就這樣大刺刺地放在街旁廣場，居民開窗就能看見作品，出門便能在其間玩耍，誰說藝術只能買票觀賞？像這樣直接生活在藝術環境，著實令人羨慕。而十和田之所以讓我覺得感到火焰般炙熱，想來一半是這些草間作品的功勞。

"Love Forever, Singing in Towada" Yayoi Kusama
草間彌生「永遠的愛，在十和田唱歌」

一旁以造型吸睛的巨大幽靈，則是德國藝術團體 inges idee 的作品「Ghost」與「Unknown Mass」，巨大幽靈 Ghost 造型可愛，但有趣的是白色方塊「Unknown Mass」，這棟實際上是公用廁所的小屋，趣味之處在男廁內部，這被鬼偷窺的感覺，不知道會讓前來上廁所的男性朋友有什麼感覺，是會心一笑還是上不出來呢？

inges idee「Ghost」「Unknown Mass」

## 馬城駒街道，處處都是「馬」

　　除了一尊尊大師作品，十和田的藝術巧思也遍布在公共設施中，包括公車站牌、路邊休息座椅等，都能看出十和田身為藝術之都的細節。但就當我們以為人行紅磚道上的馬蹄印裝飾，也是十和田那二〇〇五驚世計畫「Art Towada」之一時，當地解說人員才告訴我，這些馬蹄裝飾與街道上許多與馬相關的雕塑，早在計畫之前就已存在。再仔細一瞧，果然看得出來是有點年代的裝飾，卻與現代作品及十和田街道毫無違和之處，看來藝術細胞老早就存在於十和田人的 DNA 裡呢！

　　而美術館與藝術廣場之間的這條路，便是「官廳街通」，別名叫做「駒街道」，除了各種與馬有關的雕塑，以及「Art Towada」計畫中的現代藝術作品，更保留了自然景致，街道兩旁種滿松樹與櫻花樹，絕美景觀曾被指定為「日本街道百選」與「新日本百景」，讓官廳街通那長長的街有如粉紅之火在燃燒。而一路逛下來，種種城市規劃，讓人真是羨慕死十和田的居民了。

## 全日本第一的 B 級美食

　　雖然與美術館無關，但美食也算在藝術領域範圍內吧！在十和田現代美術館附近，有著一家曾得過全日本 B 級美食冠軍的小吃店「司大眾食堂」（蕎華），人氣套餐 Barayaki（バラ焼），就是洋蔥與牛肉的鐵板燒定食，明明是很家常的料理卻非常好吃，軟嫩的牛肉、香甜的洋蔥加上店家特製祕醬，輕鬆拿下全日本 B 級美食冠軍。問了店員阿桑「好吃的祕方是什麼呢？」，只見她拿出兩瓶神祕醬料，說只要用了這醬，在家也能做出一模一樣的口味。二話不說，當場帶了兩瓶回台灣！事後的確如阿桑所說，在家料理也有相同的口味，但卻少了當時在十和田初吃到的驚豔感，想來少的就是「旅行的滋味」吧！

地址／青森縣十和田市稻生町 15-41（近十和田美術館）

時間／營業時間：午間定食 11:00 ～ 14:30、居酒屋 17:30 ～ 23:00

（請注意現場的「司大眾食堂」有兩間店，左為午間定食，右為居酒屋，營業時間不一樣，座位數都很少，請務必在當地上班族前往用餐之前到達。）

# Special Thanks

謝謝所有曾經幫助我完成這本書的夥伴，以及一路上相遇的熱心朋友，就算沒列出名字的您、你、妳……都是我心中永遠的感恩對象。

## 台灣

中華航空、日盟國際商務有限公司、誠亞國際有限公司、《行遍天下》雜誌、林舜龍先生、黃曉玫小姐、施又熙小姐。

## 日本

瀬戸内国際芸術祭実行委員会事務局、大地の芸術祭実行委員会事務局、Benesse Art Site Naoshima、北川富朗 & ART FRONT GALLERY、香川県觀光協會、新潟県産業労働観光部観光局観光振興課、新潟観光コンベンション協会、東日本旅客鉄道株式会社、青森県立美術館、十和田現代美術館、株式会社デイリー・インフォメーション東北支社、後藤努、秋田保彦。

■ 情報旅遊

# 日本越境跳島小旅行！走訪瀨戶內、越後妻有大地藝術祭

## 50 位巨匠×70 件作品，看見國際名家的設計風景

作　　者：Claire
繪　　者：Carol Yang
主　　編：俞聖柔
特約編輯：林毓珊
校　　稿：Claire、俞聖柔
封面設計：IF OFFICE
美術排版：陳麗珠

發 行 人：洪祺祥
總 編 輯：林慧美
副總編輯：謝美玲
法律顧問：建大法律事務所
財務顧問：高威會計事務所

出　　版：日月文化出版股份有限公司
製　　作：山岳文化
地　　址：台北市信義路三段 151 號 8 樓
電　　話：(02)2708-5509　傳真：(02)2708-6157
客服信箱：service@heliopolis.com.tw
網　　址：www.heliopolis.com.tw
郵撥帳號：19716071 日月文化出版股份有限公司

總 經 銷：聯合發行股份有限公司
電　　話：(02)2917-8022　傳真：(02)2915-7212
印　　刷：禾耕彩色印刷事業有限公司
初　　版：2016 年 4 月
定　　價：360 元
I S B N：978-986-248-544-6

國家圖書館出版品預行編目資料

日本越境跳島小旅行！走訪瀨戶內、越後妻
有大地藝術祭：50 位巨匠 ×70 件作品，看
見國際名家的設計風景 / Claire 著 . -- 初版 .
-- 臺北市：日月文化 , 2016.04
256 面；17*20 公分 . -- ( 情報旅遊 )
978-986-248-544-6( 平裝 )

1. 自助旅行 2. 藝文活動 3. 日本

731.9　　　　　　　　　　　　105002759

本書所提供之交通、住宿、餐食、景點門票價格，及行
程內容、景點開放時間等內容，係撰寫當時資訊，如有
異動，請以該單位公布資訊為準。